孔庆东

六神有主

作者简介

孔庆东，年届花甲老电工，未名湖畔卖花生。拔刀切韭菜，面壁到五更。煎炒烹炸新论语，说学逗唱卖炭翁。撞南墙，沐西风，夜来灯下喜饕餮，烙饼卷大葱。

六神有主

孔庆东
著

知识产权出版社
全国百佳图书出版单位
—北京—

图书在版编目（CIP）数据

六神有主 / 孔庆东著 . —北京：知识产权出版社，2024.4
ISBN 978-7-5130-9241-8

Ⅰ . ①六…　Ⅱ . ①孔…　Ⅲ . ①国学—通俗读物　Ⅳ . ① Z126-49

中国国家版本馆 CIP 数据核字 (2024) 第 030445 号

责任编辑：李　潇　武　晋　　责任校对：潘凤越
特约编辑：杨晓红　孙　彬　　责任印制：刘译文
封面设计：郭　蝈

六神有主

孔庆东 著

出版发行：	知识产权出版社有限责任公司	网　　址：	http：//www.ipph.cn
社　　址：	北京市海淀区气象路 50 号院	邮　　编：	100081
责编电话：	010-82000860 转 8772	责编邮箱：	windy436@126.com
发行电话：	010-82000860 转 8101/8102	发行传真：	010-82000893/82005070/82000270
印　　刷：	天津嘉恒印务有限公司	经　　销：	新华书店、各大网上书店及相关专业书店
开　　本：	880mm × 1230mm　1/32	印　　张：	9.875
版　　次：	2024 年 4 月第 1 版	印　　次：	2024 年 4 月第 1 次印刷
字　　数：	228 千字	定　　价：	69.00 元

ISBN 978-7-5130-9241-8

代序
“三俗”与“三不”

北大“通俗文学研究”课之开场白

□ 孔庆东

“三俗”

本课的要求，都是很庸俗的要求，没有那么硬性。用我的话说，第一就是，听点俗课。大家在北大听的课都是高端的、高大上的，都是人类文明顶峰、科学顶峰。我们拿出若干分之一的时间，听点俗课。我的课的名字是俗的，内容也是比较俗的——当然关于什么是俗，我们后边可以探讨。

光听课是不够的，北大学生更厉害的是读书。为什么每年都有一部分同学，不怎么认真听课，但是学习很好？你不要以为他们去玩儿了，他们是把时间都用在图书馆里读书了。比如说我上本科的时候，北大图书馆的好多工作人员都认识我，因为有多少个下午、多少个黄昏，我就坐在书架前看书。那时候图书馆条件很差，我在两排书架中间，拿本书，坐在水泥地上，就能读两个小时，有的时候工作人员都要下班了我还不走。一定要让图书馆工作人员都认识你、熟悉你，哪怕不知道你叫什么名字，不知道你是哪个系的。我们应该在上课之外读书，在这个时代特别要强调读书。外边都以为我们北大学生读书多么刻苦，但我是知道的，其实北大学生读书风气越来越不好。特别提醒一点，我们这个课是个无底洞。通俗文学是个无底洞，读不完的，是汪洋大海。我自己也只读了汪洋大海中的一勺。所以你要抓紧时间，有机会就读点，不然什么都没有。

听点俗课，**读点俗书**之外，还要**想点俗事儿**。我觉得我们北大的学生，不需要强调求雅。你们都是一路求雅上来的。从学校到院系的开学典礼上，老师们讲的那些报告，说得非常动听，总结起来，不就是鼓励你们往雅了去吗？不就是鼓励大家高大上吗？有没有哪个老师鼓励你们要俗，要走入民间，要与工农兵结合，要关心那些卖菜的、关心那些信访的、关心那些被打得头破血流的？我没有在开学典礼、毕业典礼上听到这样的号召。当然讲其他的内容也对，那也是北大的传统，也应该听，但我们是不是缺少了一维——缺少了想点俗事儿？要知道北大之所以为北大，因为它“俗”。北大是跟中华民族的命运息息相关的。如果有哪个时代，北大不跟这个民族的命运发生关联，就不配是北大。不要去看网上的排行榜，那一点价值都没有。那能证明北大的价值吗？算算你的科研设备多少、招生数量、留学生多少、科研投资多少……那跟大学有什么关系？那跟大学毫无关系。什么叫大学，古人早就告诉你：大学之道，在明明德。你明德了吗？你关心工农兵了吗？所以少说你是北大学生。所以我们听课读书之外，要想点俗事儿。不要装雅，装雅是最恶俗的。敢于亮出自己的俗才是高雅。

“三不”

我们这个时代信息多，鼓励学生聪明、鼓励学生质疑，这也都很好。但我要提醒大家的是，要做到“三不”。

第一，**不妄言**。当下似乎有一种不好的趋势，就是鼓励胡说八道——把胡说八道等同于一种怀疑精神。什么叫怀疑精神？你看看五四前辈，人家怎么说话，人家怎么质疑——那叫作有怀疑精神。有怀疑精神的前提是你有东西，否则你拿什么去怀疑？你得有怀疑的本钱。不能老师刚说“2+3=5”，你就说：“老师，凭什么 2+3=5，不见得吧？”好像你多么高深似的。这就叫妄言。妄言是很吸引眼球的，妄言者有很多的观众，还有很多人给你喝彩，很多人敲边鼓，但是最后你就把自己害了。妄言不如沉默。即使提问题也要注意。提问题之前，自己要练习三个回合怎么回答。能查的问题，都不问；能自己努力解决的问题，都不问。哪怕出门问路，一定憋得走投无路、晕头转向了才问。你看现在的人都成了路痴了吧——出门就开导航。有的人竟然不认识自己家——我知道好几个人都不认识自己家，因为他每次回家都是导航导的。原来觉得是笑话，现在这种人越来越多。

第二，**不自欺**。我们现在社会的规范，能做到不欺骗别人，这已经是好人了。其实最根本的是不自欺——不需要外在的证明，不论外界评价怎样，你自己评价自己。如果不能做到“每日三省”，你三天一省总行吧？给你减少到九分之一，你从每日三省变成三日一省，隔个三五天想一下自己，有没有用心？是不是很多事儿糊弄过去了，敷衍过去了？在这个时代这是真正的学习。

第三，从上课考试来说，很重要的一点，是说出来令人害羞的，就是**不抄袭**。在北大课堂上讲不抄袭，这本身就意味着一种堕落。北大学生还需要提醒不抄袭吗？但非常遗憾的是，尽管提醒，仍然每学期都有抄袭。我们这个课的考试方式已经是多么民主了，不闭卷考试，期末考查方式就是请你写一篇读书报告。你随便凑点字，码点字——多么容易，为什么要抄袭呢？我一再强调，抄袭是我最痛恨的、最看不起的、最遗憾的。怎么说也是不合道德的，是傻的，是浪费自己生命的。考试就是个玩儿嘛，你为什么放弃玩儿的机会，把玩儿的机会给别人呢？就像我小时候过年，买不起那么多鞭炮，我就盯着旁边邻居家，他家有钱，买好多鞭炮，但他家小孩儿不敢放，我就帮他放。我心里想，这就等于他爸爸妈妈花钱给我买的。那他等于浪费了。我们考试也是一样的，你干嘛买了鞭炮让别人给你放呢？一定要养成不抄袭的好习惯。我以前总是批评留学生喜欢抄袭，后来我发现，我们中国学生也有个别开始抄袭了。

我最不能容忍的是，有一些同学写入党申请书，竟然抄袭。这就是人品问题了。不管你是不是真心入党，一个做人的起码的道德标准丧失了。写入党申请书你还抄袭，你从小就缺乏自省精神。这还算是个人吗？这已经不是人了。前两年有一次，我在中文系党委，看了一大堆同学们的入党申请书。我就凭着直觉拿出了若干份，我说这些肯定是抄的。然后领导说："你为什么说是抄的？"我说："你看这两个，第一段一样，再看最后一段也一样，中间把自己写进去了。"我说："这些就不用考虑了，而且要把他们记入黑名单。"这些人混进党内，还得了吗？我们都痛恨贪官污吏。贪官污吏不就是从大学走出来的吗？贪官污吏都是我们曾经的同学，汉奸卖国贼都是我们曾经的同学，也都在宿舍里慷慨激昂过。所以，救国救民从宿舍开始。

经常有同学问，孔老师是怎么给分儿的。我给分儿是比较科学的正态分布，特别高的分很少，但的确有写得好的，也要给高分。总的原则就是奖惩分明。其实这也是中华文化早就总结好的，我们古代对人就是奖惩分明。我们中国有这么悠久的伟大的教育学传统，一定要奖惩分明，这才是教育的真谛。从孔夫子到诸葛亮，再到曾国藩，一直到共产党，都是直面现实，按照实际情况去对人进行评价。

六 神 有 主

目录

蓝田问玉 〔001-034〕

到底上不上补习班？……002
好父母不一定非要教育孩子……003
怎样处理代沟？……004
我能做好一个藤野吗？……006
应该怎么读《易经》？……007
如何研究历史文本？……008
是人不是人，都觉得自己有评价大作家的资格了……009
和尚是轻还是重？……010
源头与环境……011
贫下中农种地……012
声音……014
听孔和尚戏说有趣……015
研究历史不能先入为主……017
大熔炉和小铁钉……019
文学与政治……020
大年初一讲文学……022
儒家思想的错误……023
我也不大明白……025
孔子当过会计……027
时代的王杰……028
争执也是慈爱……029
当好自己的班长……031
历史的警钟……033

乘舟问渡 [035-058]

要孝顺有缺点的父母! 036
因为我们是人! 039
什么是孔和尚的标准? 041
逝去的亲人怎么看你? 043
你要立地成佛 046
想念哈尔滨酱肘子 048
不能老乘风啊 050
乘你的风 051
发泄发泄也无妨 054
我跟黛玉 056

沧海月明 [059-102]

吃饭穿衣，都关系到人兽之别 060
孔和尚教你怎样拿下一座城市 061
怎样迅速知人? 063
大鱼大肉说钢琴 064
你提了一个非常有学问的问题! 066
这个简单 067
放弃过他们 068
我会这么干 068
你搞错啦 069
威虎山就是未名湖! 069
开心的问题 071
人家打鸣，你不要下蛋! 071
推荐 072
孔和尚为什么不写小说? 073
可以试试 074
绝 075
他 075
一张纸 075
深深敬礼! 076
非常重要的一点 077
因素 077
勇于自卑 078
绝妙药方 078
早晨 079
重大感悟 079
今天是个好日子 080
你这样试试 080
要看抄什么 081
这真愚蠢 081
贵人语迟 082

怎样交朋友？ 082
其实不难也 084
整死 085
不尊重别人的人 086
非常有良心的问题！ 086
马克思主义与腰 088
告诉你四条 089
请看孔和尚 090
老爱是“脑残” 091
硬骨头的老师 091
90分的问题！ 092
干部与读书 094
不动心 095
八大苦难 095
继续干 096
谁安排的 096
这才是最 097
独处 097
端午快乐！ 098
好像不对 099
大概三条路 099
妙招 100
怎样切换 100
三种气 101
听着难受 102

一刀断舌 〔103-132〕

如何是佛？一刀断舌 104
杀佛杀鬼 106
佛 108
遇见吸毒的影星怎么办？ 108
杨白劳有几条路？ 110
人生的目的，在声东击西之外 112
肘子问题 113
孔氏闭关法 115
一刻钟 115
佛告诉你 116
上上大吉！ 116
五点 117
完了呢？ 117
类型 118
谁说“学渣”不能救国？ 118
你是抱着它吗？ 119
大错！ 120
能听懂吗？ 121

猪年逮羊……121
十万阿修罗……123
帮你分析一下……123
你这个傻孩子……124
这事儿不怪美女……124
傻问题……125
看他们斗志昂扬……125
表扬你……126
意思意思……127
傻……127
经常很自私……128
末代脑袋……128
那还用问吗？……129
分解答复……129
超值超值……130

大雅若俗 [133-200]

孔和尚说……134
怎样成为高手？……134
在广阔的人生中去学语文！……136
走出理科生的狭隘境界……137
不是双重否定……139
语文问题……140
人生……141
人民的选择……141
读懂水浒不容易……142
三种答案……144
并不憋屈……144
兵升官记……145
说说这个真实……145
千万次发生……146
拐个小弯……147
承包……147
孔和尚一针见血地指出……148
模式……148
不要当鬼子……148
僵化……149
差不多……149
诗……150
立场究竟有多么重要？……150
两股道……152
忠于……152
你为什么看出了冷？……153
我跟汪老对话……154
面包不是豆包……154

透明……155
你说错了……155
胡萝卜……156
我们有资格评价瑛姑吗？……156
快事……158
到底这是为什么？……158
现成的答案……159
一个例子……159
遗憾……160
你看孔和尚……160
信仰……161
中介……161
细讲……162
两本……162
好与差……162
最好的一部……163
你看看这两部……163
解密啦……164
大雅若俗……164
你能明白这个道理吗？……164
问一答万……165
四位……165
十万微后第一嘟噜……166
警惕长舌妇……166
举一例……167
最容易忽略的……167
马克思主义……168
政治准则（一）……168
三过……169
政治准则（二）……169
革命……169
路线图是这样的……170
非关个人恩仇……170
这个提问包含着多项“脑残”……171
苍白的你啊！……172
正确的态度……172
现代的精髓……173
分清概念……173
推荐一个阅读结构……174
绝招……176
我讲……176
庆典之后馈赠乡亲们……176
我的经验……177
好像高三就不是人了……177
第一步很重要……178
买椟还珠……178
吃吃喝喝……179
会员福利……179
两个数据……180
配图说明你无知……180
晚上送福利……180
办法……181

听孔老师的 181
五部 182
走进社会的必读经典 182
一道数学题 183
一本经典 183
也是两本 184
还有两种 184
绝对靠谱 184
先这样问 185
当代四大名著 185
篇幅 186
给你推荐四部 186
老掉牙 186
你想不到噢 187
刚送我的 188
治你的病 188
人人应该读 188
周末答谢本人会员群 189
经典 189
三部代表 190
两大类 190
三个三 190
不要白活一场啊！ 191
分几类 191
真是高智商的问题 192
推荐秘籍 192
穿衣服 193
这么宝贵的秘诀 194
有趣 194
最重要的一条 195
我们正在读 195
举一段例子吧 196
赠诗一首 196
写着玩吧 197
孔门独家构思 197
庄稼 198
分时间 198
白瞎这配图了 199
惊人的努力 199
处处伤脑筋 199

金玉良言 [201-234]

看看孔和尚 202
三条 202
最实在的建议 203
经典 203

从猿到人……204
要不要上名校？……204
孩子的教育，战略上要藐视！……206
强力推荐……208
陪就是赔……208
立竿见影……209
45 年前……209
非常实用……210
看看前人……210
睥睨……211
虚与实……211
听话的话……212
青葱……212
谁也没义务哄你……213
非也……214
教材……214
快感与脾气……214
答谢乡亲们投票！……216
学习法宝……216
顺口溜……216
生物……217
三个难忘……217
选上的……218
困惑……218
胡说……219
最重要的……219
没听见……220
有点遗憾……220
三等人……221
幸福……221
三件事……222
还用问吗？……222
你不行……223
平衡……223
这位大专生……224
妙招……225
我这人比较花心哦……225
基本建议……225
知识并不重要……226
孔和尚最聪明……226
明确……227
三个重点……228
思维疏漏……228
应该付费提问啊……229
惨象……229
总的原则……229
再来一次……230
择校标准应该是什么？……230
孩子，你问错啦……231
好高可以，不要骛远……231
貌似调侃……232
偷着乐……232

摸瞎……233
条件……234

百毒不侵 [235-276]

两条路……236
笑傲……237
有“标答”吗？……237
无字……238
整明白……238
方案……239
看啥……239
开始……240
虚妄……240
远离了什么？……241
拐弯……241
寻找秘诀……241
养生主……242
俺的宵夜史……242
风浪……243
迫不得已……243
女人……244
总路线……244
岂止一个……245
听孔大师的……245
学习圣人……246
优势资源的利用……246
为了女儿的前途……247
三招……247
可能判断失误……248
不一定噢……248
六心诀……249
何必……249
非常有趣……250
教你一句……250
不需要……251
高级……251
啥子情……252
这样……252
正能量……253
不同……253
什么是坦诚？……253
英雄……254
往前走……255
怜我世人……255
自由……258
和尚说……258

斑马线……259
请您批评指正……259
正好……261
爱情的高端境界是什么？……262
相亲结婚可能最幸福啊……262
浪漫的背后是下贱……263
情况是复杂的……263
做一串类比……264
孝……264
轻重缓急……265
四个足够……265
以不考之心考之……265
比如这句……267
你没有什么抑郁症……267
咕嘟着……267
吃瓜……268
宣言……268
断腕……269
时代与阶级……269
为啥难过……270
珍惜……270
多少钱？……271
你琢磨琢磨这件事儿……271
两种可能……272
高尚的爱……272
锻炼自己吧……273
想想太阳……273
大侠……274
这个回答有点儿玄妙……274
大体如此……275
非常温暖……275
天天忍着……276

锦瑟年华 [277-294]

胃口……278
万里挑一……279
听老夫从四个方面，给你娓娓道来……279
想问题的角度……281
谁不离不弃？……281
其实是这样……282
听孔大师的……282
名不正，则那啥！……282
今天的福利啊……284
是一位作家……284
理想早就实现过了……285

凑热闹与明是非 285
性别分工 286
增进爱情 287
军号声声 287
你问到专家了 288
各有秋千 289
神圣使命 289
偶然 290
岂能错过 290
是的啦 291
好梦 291
你想不到 292
大路货 292
推荐两位 293
这句 293
听听孔和尚的答案 293
周末答谢本人会员群，继续回答一嘟噜提问 294

六神有主

蓝田问玉

到底上不上补习班?

⊙ **蓝天白云**

孔老师，外孙今年下半年将上小学，在幼升小择校问题上，家里意见不一。民办小学抢生源，周围的家长都拼命让孩子上各种补习班，竞争之激烈超过高考，录取率有的1/20，有的1/15 。女儿说上不了好小学，连高中都上不了，更不必说考大学了。我不明白为什么现在高中那么少，据说只有一半人能上高中，其余的则只能上职高。这是沿海一带城市因外地人口较多引起的，还是全国普遍现象？我该怎么说服女儿，还是顺其自然，让外孙去参与竞争?

孔庆东

把竞争看得那么重要，是错误的；完全忽视竞争，故意回避竞争，也是错误的。我以前练气功时，秉持一个原则：有意练功，无意成功。

那么多补习班，可以根据孩子的兴趣和需要，上一两个，**但这主要是为了让孩子融入同龄人的社会，不是为了在学习上勇冠三军**。当然，也许歪打正着，孩子果然开发出了某种特长，那就算咱赚的。

人家都去上，都竞争，你故意不上，那也是一种“不自然”。一方面随大流，另一方面又不太在乎，学成啥样是啥样，总而言之是**不让别人觉得你特别，不左不右，这才是真正的顺其自然也**。孔子曰：大隐隐于随大流也。

好父母不一定非要教育孩子

⊙ 蓝天白云

孔老师，非常喜爱您的《想念父亲》一文。有人说，男孩跟母亲更亲；也有人说，在教育孩子的问题上，母亲起的作用更大。由此想到，您母亲是怎样的一位女性？从小到大她是怎样教育您的？她对您现在取得的成绩满意吗？在合适的时机，您会为母亲写一些文字吗？

孔庆东

你的提问，又勾起了我对远在天堂的父母的思念。在孩子的教育问题上，父亲和母亲的作用孰轻孰重，其实是没有一定之规的。**世界上有多少种性格和水平的人，就有多少种性格和水平的父母**。过分看重父母在教育中的作用，给今天的父母造成了太大的精神压力，也给今天的孩子提供了太多蛮不讲理、自以为是、不忠不孝的借口。父母即使是完全不负责任的糊涂人，做子女的，也不应该拿着自己成长得不够理想的地方，去责备父母。我们看看孔子、鲁迅、毛泽东、雷锋，他们的伟大，有几分是跟父母的教育有关系的呢?

但是反过来说，**父母的一滴恩，子女都要涌泉相报。父母没有义务溺爱你，没有义务把钱和精力都花在你身上。父母也是具有独立人格的人，不是欠了你高利贷的长工和佃户。**真正具有独立人格的子女，能够从父母的一切言行中，找到对自己成长有用的东西。

我的父母都是普通工人，他们没有什么教育孩子的主动性，也没有什么教育理念。**但是他们有点文化追求，有点封建观念，有点虚荣心。**这，就是我努力学习的一部分动力。因为我学习成绩好，到处受表扬，受拥戴，父母脸上有光，他们也到处受到吹捧。这并不是什么高尚的品德，但是，我就愿意满足父母的这份虚荣。**我没有钱给父母买一所豪宅，但是我带母亲出去旅游的时候，遇见粉丝跑上来请我签名，我母亲心中的那份骄傲，让她觉得自己是普天下最幸福的母亲。而这份发自天性的骄傲，对我来说，就是最好的教育。**

文章有各种写法。写关于父母的文章，需要发自真情。也许有一天，我会写写我的母亲。但写不写，母亲都在我的心里。**她老人家戴着老花镜，捧着一本《笑书神侠》或者《四十不坏》，得意扬扬地读着……**

[?] 怎样处理代沟?

⊙ 蓝天白云

孔老师好！作为一名50后，我觉得在与80后女儿的对话中，常常是“话不投机半句多”。仔细想想，我们这一代与他们那一代确实有太大的差异。想请教孔老师，我们该如何看待以独生子女为主体的80后？他们的长处与短处各是什么？在与女儿的交流中，怎样做才能取得较好的效果？

孔庆东

您这个问题，是你们50后和我们60后经常遇到的。但是处理起来也不难。

传统社会很少有什么“代沟”，因为过去几百年之内，社会思想都没有大的变动。而现代社会，因为思想更新快，代沟越来越严重。**您刚觉得跟80后有代沟，然而您可能不知道，80后已经跟90后产生代沟啦！您觉得80后的女儿很幼稚，但是90后已经认为她们自己是“过气的老女人”啦。**

那么怎么办呢？基本原则还是**严于律己、宽以待人**。咱们首先做好自己，少说教，多身教，用生活实际赢得晚辈的尊重。他们没有的，咱们有；他们有的，咱们做得更好。**用实际行动来证明咱们活得更幸福，然后那些道理才能深入其心。**不愤不启，仍然是咱们与晚辈交流的主要方式。

80后、90后肯定是有其整体性的缺点的，但缺点还可以变成优点，咱们50后、60后不也有自私自利的人和糊涂蛋甚至汉奸卖国贼吗？

当生活以其严酷的面貌教训了80后、90后之后，我们会发现，他们懂得合作与友爱了，他们比我们更爱国了，他们更热衷于传统文化了。而中国梦的得以实现，还真的离不开这些80后、90后呢。

我能做好一个藤野吗？

⊙ 蓝天白云

孔老师，在您二十多年的教学生涯中，您教过的编里编外的学生数以千计。在您心目中，好学生的标准有哪些？您的学生达到您的期望了吗？在现今的教育体制下，您如何做到因材施教呢？

孔庆东

你的这个问题，看似普通，骨子里还真有难度，我这个资深老和尚，一时还真不容易措辞焉。

其实从性格上讲，我从小就“好为人师”，我的教学生涯已经大约五十年了。当然正式成为一名拿工资的体制内老师，是从 1990 年开始的。

要问我好学生的标准，我是有个层次区别的。最高的标准，需要综合孔子四大弟子的优点：颜回、曾参、子贡、子路。

但这样的学生几乎是没有的。所以退而求其次，只要具有四人其中之一的优点，便是好学生。

然而现在的学生，大多数连这四人之中一人的优点也没有。因此我的内心，早已放弃了寻求高层次好学生的南海鳄神式的私念，我现在把一切学生都看成“好学生”，就像耶稣看着羊群、释迦看着众生一样，都是无辜的可怜的生命，都各具善根。

倘若有缘做了我的学生，我便根据其不同的善根，引导他们长成不同的树，开拓不同的路，到宽阔光明的地方去；此后幸福地度日，合理地做人。

现今的教育体制有很多缺点，我们要揭露批判，但是不能因此耽误了学生。正如不能因为饭菜恶劣而不让孩子吃饭。在有缺点的体制下，仍然能够通过个人的努力，教育出比较优秀的学生，这才是教师的光荣。

藤野先生就是这样教导周树人同学的。周树人并不适合学医，藤野先生很尊重他，放他走向了新生。而我们看看周树人同学后来的成就，那里面，也深深浸润着藤野先生的心血焉。

应该怎么读《易经》？

⊙ **蓝天白云**

孔老师，最近我们有群友想一起学习《易经》，以您主编的《品读经典》系列作为基本教材。大家担心这本书难懂难读，不知能否将其“啃”下来。我的目标并不太高，只求坚持读完，大概知道咋回事就行。虽说这样，还是烦请孔老师指点一二，我们该如何读这本书？如要找参考书，哪些版本的较好？谢谢孔老师！

孔庆东

《易经》是中华文明的制高点和总源头，所以要学习《易经》，总是好的。但这事又是非常难的，孔子说五十以学易，这句话有不同的解释，反正怎么解释都很神秘。我读书时代，旁听过《周易》课，稀里糊涂也没有怎么听懂。后来自己胡乱翻了些书，也没有整明白。于是就想，可能整不明白，恰恰就对了。如果能够一学就明白，那说明我们学的肯定不是《易经》也！

因此，我的意思是，读这类书，要按照陶渊明“不求甚解”

的精神去读。目的就是了解了解，大概知道此书长什么样，就可以了。免得以后遇见卖《如来神掌》的，错以为是《易经》。

如果你同意我的见解，那么就不必“啃”了，而应该用浏览的态度去读。遇到简易的部分、好玩的部分，就多看看。否则就马虎过去，也是正常的。但是不论怎么读的，最后一定不要认为自己了解《易经》了。假如我的东博书院能够有十个人“了解《易经》”，那么共产主义也就不远啦。

如何研究历史文本？

⊙ 蓝天白云

孔老师好！劝学群建立分群了，开始进行传统文化、现代文学等方面研究。在研究几十年前历史时遇到问题，即我们如何分析研究当年的文本？是恢复以往场景，代入其间，还是站在较远之今人角度？或者两者兼顾？这两者的研究结果会一样吗？如果不一样，我们该如何把握这两者的关系？谢谢孔老师！

孔庆东

你的提问很好，说明你很理性地思考了一系列相关问题。

在研究一个人的言语的时候，我们必须要考虑这个言语产生的时间、地点、主体等要素。

同理，你所谓当年的文本，也是当年的人的言语，当然就要尽量搞清楚当年这个文本产生的时间、地点、主体等。

当然，后人无法百分之百地恢复当年的场景，那么有时候就需要设身处地，包括你说的代入。

我们评价前人，当然不可能完全跳出今天的立场，但如果我们充分尊重了文本的历史性，就可以达成主观与客观的基本统一。**我们不会用今天的标准去苛求前人，也不会倒过来用前人苛求今人。这不是简单的兼顾，而是科学本身的要求。**

不过，过去与现在也并非完全对立的，很多方面都是相通的，甚至一样的。这个时候，我们就可以借往知今、知未来。这也就是研究历史的意义了。

是人不是人，都觉得自己有评价大作家的资格了

⊙ 蓝天白云

孔老师好！有一次在书店翻阅，看到介绍巴金老人的书，说他是世界上最长寿的作家之一，另外还有关于他的其他论述。想起孔老师是研究“鲁郭茅巴老曹”的，印象中老师讲巴金并不太多。因而想请教孔老师，如何看待社会上对巴金先生的一些评价（有点记者式提问的味道，请孔老师谅解）。谢谢孔老师！

孔庆东

说起“社会上”的评价，应该就是指那些并非学术性的七嘴八舌、道听途说、添油加醋、想入非非的各种八卦和议论吧。

这也不只发生在巴金一个人身上，你列出的“鲁郭茅巴老曹”，都是如此。可以推断，当年“孔孟老庄”“李杜苏辛”，也免不了如此。这两天关于金庸，也是如此。但其实这又是很正常的。

对待社会上的评价，总的态度应该是像佛祖面对愚昧众生一样，微微一笑，不信，不嗔，不宠，不灭。危害不大的，不用去管；危害较大的，稍微管一管。确实正确而有价值的，予以鼓励和转发；好坏混杂在一起的，寻机帮其鉴别……

和尚是轻还是重？

⊙ **蓝天白云**

孔老师好！突然想起一个有点好玩的问题。记得您说过毛泽东与邓小平是举重若轻的，而周恩来是举轻若重的。在我心目中孔老师是属于举重若轻的，可仔细想想却觉得很多时候又是举轻若重的。因此想问问孔老师，您认为自己属于哪一类呢？

孔庆东

你的这个问题很有意思，可以引发我们每个人思考自己和其他人的做事风格。

绝大多数人做事，举轻就是轻，举重就是重，这是正常的。

伟人在面对多数普通的日常事务时，恐怕也是举轻是轻，举重是重。毛主席在井冈山挑粮食，不可能挑着一百斤当成二十斤；周总理喝杯茶，也不可能好像喝中药那样愁眉苦脸。

但是伟人在面对一些不一般的事情时，就表现出了与众不同的地方。比如前线百万大军厮杀，他在那里谈笑风生，这就叫举重若轻；随便一个战士走过去，他注意到战士掉了一个扣子，这就叫举轻若重。

在这两方面，我本人是既不如毛主席，也不如周总理的。

但是长期的人生斗争实践，使得我多少有了一点本事，偶尔能够做到轻重随我，再加上仰慕伟人，可能就给你这样的朋友造成了稍微与众不同的印象吧。

可以这么说，我不可能完全做到泰山崩于前而不变色，但变了点色之后，可以故作潇洒地说一句：色即是空哦。

另外，我也可以明察秋毫，眼里不揉沙子，但大多数情况下，懒得使用这种功夫。很多人在我面前有点畏惧，心里总想着“前方五十米有监控录像”，但实际上，那个监控器大多数情况下，都是关闭的啊。

所以总体来看，我也搞不清自己到底是轻还是重，或者只能说一句：

这个和尚，没轻没重啊！

源头与环境

⊙ 蓝天白云

孔老师好！又一个春天来了，看着花开花落，想到自己的父母离开我们已经很久了。我想请问孔老师，父母亲的性格特点会遗传给我们吗？会在我们身上留下印记吗？您觉得您在哪些方面与父母更相似？世上有没有遗传这回事呢？谢谢孔老师。

孔庆东

遗传当然是有的，不过遗传这事比较复杂。

从源头上说，不要以为父母的特性会简单地延续到子女身上，因为父母并非真正的源头，他们只是距离子女最近的“加油站”而已。具体到一个人，可能完全不像父母，仿佛非常特立独行似的，但是仔细一观察——原来像爷爷奶奶或者姥爷姥姥。

这叫隔代遗传。我上周四的课上刚刚讲过：鲁迅不像他的父亲，但是跟他祖父的性格差不多一样一样的：愤青、杠头、日记控。

隔代遗传，还可能是隔上许多代。鲁迅祖父的性格到鲁迅父亲那里，明明减弱了，可是到了鲁迅身上，又增强回来啦。

说到这里，我们还要明白，遗传不仅跟源头有关，还跟沿途的环境有关。父母对子女的作用，不仅仅是给了遗传密码，而且还作为子女成长环境的因素，一直存在着。如果鲁迅不是早年丧父，可能他也成不了鲁迅。

以我为例，我没有见过奶奶姥姥，但是跟祖父外祖父都长时间相处过，父母对我关照过，也殴打过，基本上与其他家庭没有太大区别，这就使得我在性格上比较复杂，也比较正常地遗传了父母、祖父母乃至更远祖辈的特性。有人说我还有些孔夫子的特点呢，莫非他老人家的某些基因，潜伏了七十二代，要在我这个七十三代后人身上显灵吗？

不过遗传归遗传，我们更多地应该自信自强，在现实环境里顽强奋斗，光大门楣，光宗耀祖！

[?] 贫下中农种地

⊙ 蓝天白云

孔老师好！网购小组成立以来开展各项活动，取得一定成绩。但面对我们所要研究的课题，总觉得心有余而力不足。我们水平很低，人手也远远不够，且大伙儿又面临各种生存压力。在此情况下，组织者该如何做才能保持大家持续的工作热忱，怎样才能最大限度地调动大家的积极性呢？因而又想到主席当年，要人没人要钱没钱，是怎样从无到有由弱而强发展起来的呢？请老师给予指教。谢谢孔老师！

孔庆东

凡是心有余而力不足的事情，大都是由于目标太高，野心太大。

如果学习过党史，就会明白，我们党既有最高纲领，也有最低纲领。在每一个时期，我们都不应该放弃最高纲领，也就是说，不忘初心。但是这并不等于我们每日每夜分分秒秒都要围绕着最高纲领去奋斗。为了最终实现最高纲领，恰恰需要我们在每一个具体的时期非常有针对性地去为最低纲领奋斗。

如果读一读毛主席在解放战争时期所写的一些文稿，就会发现，毛主席经常算账，今年消灭多少敌人，明年消灭多少敌人，有时候看着非常有趣，简直就像一个贫下中农在计划自己如何种地似的。

你说的情况，其实也是一种贫下中农的处境。那么好，我们第一不会放弃最高纲领，第二，要把最高纲领化成无数的小小的最低纲领。也就是说，有多少人，揽多少活儿；有多大力量，办多大事儿。比如说你可以把任何一个课题，分解成 n 个或 m 个小课题、子课题。这些小课题、子课题，最好能够与研究人员的兴趣、特长和方便结合起来。比如一个人是纺织厂的，那么能不能就请此人统计一下某一年纺织业的具体数据呢？另外一个人喜欢养花，那么能不能就请此人研究一下当年的花卉供应情况呢？一个人研究鲁迅的收入，另一个人研究郭沫若的消费……这些课题合起来，其实往往能折射出历史的大事件、时代的大问题。

另外，如果能够定期或不定期地组织研究成员进行交流和报告，这也许是一种更高级的活动方式吧！

声音

⊙ 蓝天白云

孔老师，这次劝学群重读《红岩》使我懂得，“甫志高”在我们队伍中是很多的，我们自己也很可能成为“甫志高”。能够历经磨难而信仰不变的人是极少的。我想请问孔老师，在您人生几十年中，肯定目睹种种叛变、逃跑、掉队之现象，甚至遭遇队伍都散了的境况——在这种情况下，您是怎样坚持下来的？让您不改初心的动力来自哪里？谢谢孔老师！

孔庆东

你的问题，归结起来，就是一个关于如何对待“初心”的问题。

英明领袖号召我们不忘初心，此中有个重要前提，就是这个初心是正确的，是正义的，是不可替代和复制的。

但是世界上大多数人的初心，不是这样的，那就是可以忘记、可以改变的。

比如很多人的初心，就是升官发财，后来发现自己太庸俗了，于是就改了志向，逐渐成为一个有高尚追求的人，那么这样的人，就不能叫叛徒，而应叫志士哦。

我们所说的那些革命队伍中的叛徒，他们要么是本来就没有革命者的初心，他们是怀着严重的个人主义动机参加革命的，要么就是初心受到污染拆解，最后改变志向。只要没给革命组织和其他革命者造成损失，这些叛徒是可以理解的。好比一万人去攀登珠峰，其中五千人是凑热闹的，爬到四千米就停止了。三千人热情高涨，一定要扬名立万，赢取大奖，爬到五六千米，战胜不了种种艰难险阻，只好放弃初心，其实他们放弃的，不过是大奖和名誉。

读过鲁迅的《过客》吗？那个人一直往前走，不是因为前面有金钱、美女和龙椅，也不是因为前面有摄像机、镁光灯、领奖台，只不过前面有个声音，一直在呼唤着他。

听孔和尚戏说有趣

⊙ **蓝天白云**

孔老师好！“为侠最乐，有趣竟成”是老师的名言。为侠最乐似乎好理解些，有趣竟成似乎难理解些。要做个为侠最乐的人很不易，要达到有趣竟成，好像要求与标准更高。究竟什么是有趣竟成？怎样才能做到有趣竟成？请孔老师答疑。谢谢孔老师！

孔庆东

您说得对，“为侠最乐，有趣竟成”，是我多年前发明的一副对联。我给人题字时经常写这一句，有时候根据情况，只写一半。

这两句话，表现了我的某种人生观，其中“为侠最乐”相对好理解一些，其实也不过就是“助人为乐”的雷锋精神而已。世界上没有比为人民服务更快乐的事情了，当然，这里面不排除、不反对其他的正当快乐。

而下一句“有趣竟成”中的趣字，是接着乐字而来的。你认同为侠最乐，当然你就会去为侠，而且是快乐地为侠。你认同学习是快乐的，那么你就会快乐地去学习。

为什么我要这么说呢？因为我们这一代人所受的教育是“有志竟成”。我从小数学比较好，凡事爱较真儿，我就想，有志者真的事竟成吗？根据议论文的写作逻辑，我们可以举出很多例子，证明有志者事不成，强迫自己去干自己根本不上心的事情，怎么会成功呢？我立志考上五道口清华技校，可是我对这所学校半分感情都没有，我怎么能够好好复习达到分数线呢？

当然，我们不能因此反对立志，其实“有志者事竟成”这句话是有特殊语境的，它省略了必要的客观条件之后，主要是鼓励人们坚定意志。但是一般人容易理解得很僵化，当他发现立了志却做不成事之后，反而连志气也泄了，变得不思进取，浑浑噩噩，从“极左”变成了“极右”。

在我看来，更好的励志方法，是把有志改为有趣。其实如果有了趣，那么志也自然包含在其中了。好比一个小伙子对一个姑娘产生了强烈的兴趣，那么就会立志把她追到手，否则连一点兴趣都没有，怎么会立志去追人家呢？

带着兴趣、带着热爱去做事，必然会投入最高比例的精力，调动最大比例的资源，这样成功的概率，才是最大的。

愿我们的社会，充满了为侠最乐的精神！

愿我们的世界，到处都是有趣之人！

研究历史不能先入为主

⊙ **蓝天白云**

孔老师好！去图书馆无意中看到叶永烈写的传记。记得几年前曾读过，那时对中国政治不太懂，看过只是大概了解而已。通过近三年跟老师在劝学群学习，感觉自己认识有所提高。这次再看叶永烈的书，发现他已下功夫作了修订并再版。他采访那么多人，也掌握大量第一手资料，可得出的结论却不能使我认同。由此想到，面对历史材料我们不能预设立场，可实际上不同立场的人面对同一文本会得出截然不同的结论。因此想请教孔老师，真实的历史在哪里？我们如何才能去粗取精、去伪存真，拨开迷雾，弄清历史的真相？谢谢孔老师！

孔庆东

叶永烈先生是一位大才子，出身于北大化学系。青少年时代就参与了科普经典《十万个为什么》的创作，后来又成了享誉世界的著名传记作家，著作等身。从其个人成就来看，不可谓不卓越，应该得到应有的尊敬。

但是，他毕竟没有受过系统的文史专业训练，不懂得专业传记写作的一些基本常识。所以，他的大量传记都存在着严重的问题。好在叶永烈先生的写作态度比较真诚，立场比较鲜明，所以他存在的问题，明白人一眼就能看清楚。正如你所指出的那样，预设立场，主题先行。先有了观点，然后去任意剪裁资料，让资料为自己服务。

接下来就涉及您说的历史真实问题。研究历史真相，搜寻和掌握大量资料当然是必须的。但是资料是不会自己说话的，研究者需要有唤醒资料、让资料说话的功夫和魔法。最先进的功夫和魔法，就是历史唯物主义和辩证唯物主义，也就是我们常说的实事求是。

例如研究岳飞和秦桧，研究者可能事先认为岳飞是民族英雄，秦桧是卖国汉奸，这是很正常的判断。但是在进行研究时必须客观冷静，不能专门收集岳飞的好事、秦桧的坏事。进行采访的时候，更不能诱导被采访者，专门说岳飞的好事、秦桧的坏事。在分析材料时，不能说秦桧小时候聪明好学——可见他是一肚子坏水儿，也不能对岳飞镇压农民起义进行无原则的歌颂。学术研究，要时刻准备得出与自己事先怀有的原则完全相反的结论。

曾有一位作家，要为四川的恶霸大地主刘文彩平反。该作家进行了详细的采访和调查研究后，得出了与自己的初心完全相反的结论。大量事实证明，刘文彩比以前宣传的还要坏，完全是个杀人不眨眼的人间恶魔。于是该作家推翻了自己原来的设想，在一个更高的维度上面对了现实。这才是真正具有学术良心和学术素养。

学术研究又好比打仗。比如，事先认为敌军只有 300 人，装备不良。但是战斗打响后，发现敌军实际上有 3000 人，而且装备精良。那么，马上就要面对真实情况，调整自己的作战部署。否则就会吃大亏，甚至丢掉自己的性命。

大熔炉和小铁钉

⊙ 蓝天白云

孔老师好！近日看电影《山村新人》，对新人问题有所思考。记得您讲过，鲁迅先生非常重视树人立人的问题，而毛泽东时代更是提出了培养革命接班人的标准。也许因时机不成熟，新人或新的一代并没能树立起来。到底什么是新人？新人要怎样才能立起来？在当今时代，我们能为此做些什么？请孔老师指教。谢谢孔老师！

孔庆东

老蓝同志你好！谢谢你提了一个我很难回答，但是又非常有价值的问题。

从艺术角度来讲，这部影片的水准并不高，与现实生活贴得太近，主题太明确，表演太直白，而且带有明显的舞台剧特点。与同一时期的《闪闪的红星》等影片相比，艺术魅力要逊色很多。因此明明提出了警钟般的问题，却没有引起人民群众真正的觉醒。

我们今天，以事后诸葛亮的态度来看待历史，也许可以这样判断：新人的产生，也是如同从猿到人，可能要经历数代的斗争和反复。用鲁迅的话说，正如煤的形成，要牺牲大片的森林，才能产生一小块儿煤。要牺牲一大批你我这样的老家伙，才能诞生一批肩负着中华民族未来命运的青少年。

说到我们，既要努力奋斗，又不能着急焦躁。从今天的情况来看，新人只有爱国热情是不够的，只有斗争精神是不够的。新人必须有学问，必须有智慧，必须有韬略，而这些素质的缺乏，当年就让毛主席操碎了心。而我们今天，也只能在这方面，做点补天的工作。

借用《理想之歌》的诗句说：大熔炉里，有我捡来的碎铁小钉！

文学与政治

⊙ 蓝天白云

孔老师好！近日查看多年前《人民日报》电子版，发现有几篇批判苏联作家肖洛霍夫的文章，称其为“苏修文艺的鼻祖”。于是借来其代表作《静静的顿河》阅读。在此书前言中提到，该书一部、二部最早由鲁迅先生请人翻译，先生曾给予较高评价。于是想到请教孔老师，这到底是一部怎样的文学作品？我们对《静静的顿河》这部书应该如何评价？谢谢孔老师！

孔庆东

《静静的顿河》是苏联文学名著，也是全人类的文学名著。此书在文学史上的杰出地位，并不是因为它获得过诺贝尔文学奖，只要你读过此书，便会被其波涛汹涌的内容和博大精深的艺术魅力所吸引。

但正如孔和尚所说，文学就是政治，而且是高级政治。越是重要的文学作品，就越要经受政治评论。《静静的顿河》由于涉及苏维埃政权建立的历史，涉及民族、国家、战争、革命等一系列人类的重大问题，所以不可避免地要被各种政治势力，从各种政治立场进行评头品足。西方国家授予此书诺贝尔文学奖，当然也有他们的政治目的。当西方政治势力第四次授予苏联作家诺贝尔文学奖之后，苏联作为一个国家就崩溃了。

但是我们不能反过来，说获得过诺贝尔文学奖的就是坏作品。

《静静的顿河》通过主人公曲折的经历，真实地反映了顿河一代的哥萨克是如何通过痛苦的战争走向革命的，真实地写出了革命的艰难、历史的艰难和人性的艰难。按照经典的现实主义原则，该书已经达到了一流的艺术水准，可以跟托尔斯泰和高尔基等一系列大师的作品望衡对宇。

但是假如用更高级的革命现实主义标准去要求，当然就会发现作品中存在的种种问题。中国文艺评论家对《静静的顿河》所做的批判，表面看起来似乎有些上纲上线，仔细分析也确实有过“左”之处，但是今天回头看看历史发展轨迹，苏联文艺不正是一步一步走向修正主义泥潭，最后导致整个意识形态崩溃，庞大的帝国轰然解体吗？

这个责任当然不能由《静静的顿河》来负，《静静的顿河》即使用革命标准来看，仍然是一部非常优秀的作品。问题在于苏联共产党本身就对革命文艺存在着种种错误的认识，其内部也一直存在着激烈的争论。仔细看看《静静的顿河》这部小说的故事，我们可以发现苏联革命之混乱，苏联共产党解决问题之粗暴，与中国相比，他们缺少了许许多多更深刻、更细腻的东西。我们甚至可以从中找到苏联灭亡的某种必然性。我们看看今天去革命化之后的俄罗斯，不就像是小说最后那个回到家乡的格里高利吗？

总而言之，《静静的顿河》是一部可以永垂人类文学史的优秀作品。优秀作品并不能保证政治正确，因为政治就像哥萨克的战马，永远在草原上奔驰着。

[?] 大年初一讲文学

⊙ 蓝天白云

孔老师好！最近在一些微信群看到有关一部电影的讨论，让我重新关注余华这位作家。重读他的小说《兄弟》《活着》《许三观卖血记》，忽然有了从前所没有过的感受。不知道是怎么回事，这些小说能吸引像我这样的读者飞快地读下去，可读完总觉有什么地方不对。于是便想到，文学与历史的真实是什么关系？“源于生活，高于生活”又该如何去理解？请求孔老师百忙之中给以解惑。谢谢孔老师！

孔庆东

余华是20世纪80年代成名的一位优秀作家，他的文学创作水平，跟苏童、莫言等人都不相上下。他们都是讲故事的高手，特别善于虚构逼真的故事，驾驭语言的能力非常出色，对于广大读者来说具有极强的吸引力。

你所提到的那几部作品，都是余华的力作，几十年来产生了较大的影响。如果按照西方文化界对待中国文学的标准，余华也是应该获得诺贝尔文学奖的。

但是你这样的读者，感觉到了某些不对劲儿，这是因为你能够区分虚构的故事与真实的故事。

历史研究的是真实的故事，文学创作的是虚构的故事。也可以换一种说法，我们学习历史，是为了知道真实的故事；而我们学习文学，是为了知道“看上去很真实的故事”。

由此，就产生了你所提出的问题，文学和历史究竟应该是什么关系呢？

对这个问题，不同立场、不同水平的人，是有不同的理解的。

有的人认为，文学必须百分之百地忠于历史，唐僧取经根本不可能带着一只猴子和一头猪，所以《西游记》完全是胡扯。

有的人认为，文学跟历史毫无关系，文学的功能，就是满足人类无限的幻想，所以孙悟空竟然没有跟白骨精结婚，猪八戒竟然不是牛魔王的情敌，《西游记》写得太没劲了。

儒家思想的错误[1]

⊙ **蓝天白云**

孔老师，近日读《朋党论》，对朋党有了新的认识。想请教孔老师，您是如何理解朋党的呢？您认为毛主席他老人家又是如何看待朋党的呢？谢谢孔老师！

孔庆东

朋友的朋这个字，《论语》的第一章中就出现了。

在孔子看来，天下第一快乐的事，就是学而时习之，而第二快乐的事，就是有朋自远方来。

按照儒家思想的本义，朋的标准是很高的。欧阳修的《朋党论》，中心思想就是君子有朋，而小人无朋。那么这个朋，

1　出于表达规范考虑，对问题中的部分描述进行了编辑修改。全书遵循同一原则。

基本上相当于革命党所说的同志了。大多数人读了《朋党论》，都会认同欧阳修的观点。但是儒家思想有一个缺点，就是有时候会忘了从现实生活的理性实践角度去考虑问题。就比如君子小人之说吧，天下有多少小人会认为自己是小人呢？小人不但认为自己是君子，而且还要千方百计把君子打成小人。

毛主席是熟读四书五经的传统文化大师，他一方面充分吸取了孔孟之道的精华，另一方面则锐利地看出儒家思想脱离实际的一面。人生于世，不可能没有朋。我们说小人无朋，但在现实生活中，谁也不好意思当面揭穿别人是小人。那么小人自己呢？他们就把狐朋狗友当成志同道合的朋友，就算不能同心同德一辈子，那么短暂地结合在一起也算是朋啊。

广义来讲，不论共产党还是国民党，都属于朋党。但是每个党的内部还有各种山头、各种群体。毛主席说，党内无派，千奇百怪。毛主席对待山头的态度是：承认山头，调和山头，淡化山头。只要不破坏党和国家的整体局面，就应当允许一部分山头的存在。而在某些小团体出现了不利于全党团结的倾向时，毛主席才予以指出和批评。这种批评，不见得是完全否定其价值，也可能包含着深厚的爱和更长远的期望。

我在中学当班主任时，就批评过几个学习尖子，让他们不要成天扎堆在一起讨论习题，他们对我的话不太理解。其实我是担心，他们很可能在放学的路上被“学渣”们用砖头袭击。而越是思想单纯的好学生，往往就越不明白老师的良苦用心。

儒家所讲的那种高标准、高素质的朋，是很值得追求的境界。但是那种小团体，往往是没有强悍的战斗力的。所以毛主席才号召我们与工农兵相结合。如果我们相信自己是君子，那么为什么要害怕跟小人混在一起呢？杨子荣上了威虎山，难道就是土匪了吗？

蒙尘的宝剑，不改其锋利。与三教九流打成一片的君子，才是真正高水平的君子。

站在今天，回望历史，我们可以更加清晰地看到，毛主席为什么喜欢说五湖四海这个词了吧？一切正义的事业，都应该联合五湖四海的朋友，都应该海纳百川，都应该防止“极左”，这样才会少犯错误，多打胜仗，早日看见那本来应该属于我们的曙光。

我也不大明白

⊙ 蓝天白云

孔老师好！重读鲁迅爱情小说名篇《伤逝》，又找到老师2006年在北大的讲课录音听过，感觉还有很多不明白。不好意思也无资格提问，只好请老师随便说几句吧！谢谢孔老师！

孔庆东

鲁迅先生的《伤逝》，确实是一篇艺术魅力深远的杰作。只要认真读过的人，无不被其深深打动，但无论对作品的内容还是自己的感受，又都很难理清和表达。这是小说具有高度艺术性的证明，同时也是鲁迅研究的难点。你自称的“不明白”和“无资格”，恰是一种准确的阅读心态。

《伤逝》这篇作品，肯定是具有多个层次的。我们首先可以从现实主义的层面，把它当成一个爱情悲剧。一对自由恋爱的小夫妻，陷入物质生活的烦琐之中，最后经不起失业的打击而分手。这样的故事在现代社会是具有普遍性的，于是就产生了关于爱情问题的一系列疑问：什么是爱情？爱情能不能脱离物质生活而单独存在？

如果把作品与创作联系起来考虑，那么在需要肯定和歌颂自由恋爱的五四时代，鲁迅为什么却要写自由恋爱的悲惨下场？难道鲁迅不赞成自由恋爱吗？鲁迅说的“爱情必须时时更新”，到底是什么意思？

再回到作品中去，我们就会进一步发现这篇小说的复杂性。鲁迅对子君和涓生，分别是什么态度？子君和涓生二人，彼此又是什么态度？这场爱情悲剧如果要追究一下责任的话，两个人到底谁的责任更大？

另外还有一些小说外围的问题。比如周作人说，这篇小说写的不是爱情，而是他们周氏兄弟之间的感情。这似乎有点儿不靠谱，但是也可略作参考——比如以此观照一下周作人的心理。

总而言之，无论时代如何发展，只要你读过《伤逝》，那你对爱情的认识，就不会再那样简单，那样文青。我们永远忘不了子君可爱又可怜的形象，也会反复探究涓生的自我质疑和追索。芸芸众生，每天都需要谋生，也需要爱情，但两者都不会圆满，而当我们悟到种种的不圆满之时，那些不圆满已经远远地消逝，只留给我们无尽的感伤。

孔子当过会计

⊙ 蓝天白云

孔老师好！提一个小问题，怎样管理好小集体筹措的资金？在使用过程中应该注意些什么？谢谢孔老师！

孔庆东

这个问题初看好像很容易回答，应该就是，一要合法合规，二要账目清楚，三要科学使用嘛。但是我想你既然专门当作一个问题来请教我，可能就不是仅仅需要这样一个大纲，可能实际上存在着一些比较细微的疑惑。既然俺家老祖宗当过会计，我就按照孔夫子的原则说几句吧。

我小的时候，母亲在工厂的会计室里当过一段时间的出纳，我看到那些细致的表格，很感兴趣。我还用一些作废的账簿，当过作业本。就从那些表格上列的密密麻麻的项目中，我悟到了会计工作的实质，那就是——细致细致再细致，清楚清楚再清楚。长大后遇到需要我管理钱财的时候，我可以做到分毫不差，一张口就说出所有的项目和数字。

首先，只要是来自于两个人以上的钱——哪怕是两口子，就一定要有账目，有监督。专人管理，加上民主监督，可以充分地保障资金安全以及合理使用。

其次，要有一个使用计划。筹措资金的目的是什么？如何达成该项目的？要有一个统筹的设计和理性的安排，然后去逐步实施。实施的过程中如果出现误差，要及时调整。

最后，尽量做到专款专用。既不要寅吃卯粮，也不要拆东补西，买萝卜的钱绝不能用于买葱。如果确实需要挪用，一定要民主决议。

能够做到上述几点，我觉得管理一个小集体的资金，应该就不会有大的差池了吧？

祝愿你们的小集体，财源茂盛！

时代的王杰

⊙ 蓝天白云

孔老师好！多年前一曲《革命熔炉火最红》唱遍祖国大江南北。现在想来，“一切为了革命”这个提法是否准确？是否合适？请孔老师解读分析。谢谢孔老师！

孔庆东

老蓝同志您好！

难得您还记得这首老歌。我这 60 年代出生的人，都已经快记不得了，那是一首赞美王杰的歌吧，现在还有几人知道王杰呢？恐怕更多的人只知道唱歌的那个王杰，而不知道被写进歌里歌唱的那个王杰，只知道“一场游戏一场梦”，而不知道“革命熔炉火最红”了。

我作为当年的普通孩子，依稀记得这么几句：

革命熔炉火最红，毛泽东时代出英雄。王杰同志好榜样，全心全意为人民。我们要学好思想练好本领，胸怀祖国一心为人民。

平心而论，歌词写得并不高明，基本就是大白话。但是能够唱遍大江南北，除曲调和歌唱家的功劳外，最主要的原因就是合乎那个年代的主旋律。那是一个革命的年代，学习是为了革命，工作是为了革命，连保重身体、心情愉快都是为了革命，所以一切为了革命，没有什么不可理解的，就像今天的人们彼此祝福“万事如意”，没有谁会去挑剔有什么问题。

而人生无处不熔炉，你不是在这个炉子里炼，就是在那个炉子里烤，相比之下，革命的大熔炉里，可以炼红心、炼虎胆、炼奇志、炼神功，当然可以说革命熔炉火最红也。

以前的时代，并不是人人都真的为了革命，暗中磨刀霍霍准备反革命的，大有人在，醉生梦死的，也大有人在。

人生的空间很开阔，我们也不必时时处处都“为了革命”，但是只要有一小部分人，拿出一小部分时间和精力，投入革命事业中去，宇宙就不是一片黑暗的，人民就不是一片愚昧的，乌云后面就是蓄满了曙光的。

争执也是慈爱

⊙ **蓝天白云**

孔老师好！为外孙的教育问题，与女儿发生争执，不欢而散。有时苦恼，为啥跟家里人反而那么隔膜无法互相理解？我们该如何对待与处理好这个关系？谢谢孔老师！

孔庆东

马恩导师教导我们：人是社会关系的总和。也就是说，每个人的精神世界，是由该人所接触的所有人和事的综合力量所决定的。家庭成员的关系，只是这个综合力量的一部分，而这一部分，虽然具有天生的经常接触的优势，却未必能够占上风，未必能够产生直接的正面作用。从事实来看，家庭教育往往不如社会教育的力量大。因此，名人的后代大多数不是名人，而罪犯的后代也大多数不是罪犯，这就是血统论不能成立的原因。

明白这个根本道理之后，我们在对待家庭成员的问题上，就应该持有一种“尽心由命”的态度。说到家庭内部对小孩子的教育，大人们的意见不一致是经常的。那么小孩子自己，往往是喜欢“快乐教育”的，也就是越没有教养越好，越自私自利越好，越好逸恶劳越好，大人中间只要有一个这样的教育者，其力量就等于三个反对者，因为孩子自身是这个教育者的最大支持者呀！古人早都看穿了这个秘密，因此家庭教育和学校教育都不能“民主”，而要由最德高望重之人“一言九鼎”。民主的意义是用来决定谁最“德高望重”，一旦决定了，就成为“家法”，大家都要听从。

比如《红楼梦》中贾宝玉调戏丫鬟，如果由王夫人等进行“民主教育”，那就会不了了之，无法使子弟受到实际的教育。这时候必须由贾政充当黑脸，痛打宝玉一顿。我们作为读者，都是同情宝玉的。但是站在理性教育的立场上，贾政是对的。如果没有千千万万个贾政，那么中国社会早就毁在贾宝玉这样的官二代手里了。

然而贾政是不得人心的，礼崩乐坏也是早晚要发生的。单靠贾政那一套，也是不可能真正教育好贾宝玉的。贾宝玉只有走向社会，走进阶级斗争的大风大浪，才有可能真正成为一块宝玉。当然也可能堕落或者泯然众人矣，那是我们主观无法固化的，只能欣然接受一切结果。

我们身处的这个当代社会，资本的力量早已深入家庭，早已通过各种信息和传媒给绝大多数家庭成员洗了脑。即使同样正确的意见，孩子也是喜欢听媒体上传来的“孔和尚的声音”，这就是“远来的和尚好念经”的道理。而那个孔和尚自己家里的成员们，也是不听孔和尚的话的，他们听信的，是张和尚李和尚的话。这就是古代大儒也要给孩子另请老师的原因。

所以老蓝同志啊，你要理解这种隔膜，自己的意见发表过就可以了，至于结果，则可以幽默待之。一家人最可贵的是那份情，而不一定要共同认定一个理啊。彼此理念不同，但仍然亲情融融，那才是一种高级的人生境界也。我早就说过了，假如我的后代愚昧无能，我也很高兴。干嘛非得让后代按照自己的思想去成长呢？

当好自己的班长

⊙ 蓝天白云

孔老师好！小组材料日益增多，有时感觉分类混乱，以至于想用而找不到，比较郁闷。看孔老师微博每天发出那么多材料与信息，俺就想，老师是如何归纳整理的呢？老师一定有诀窍，甚至秘诀。这些诀窍能不能透露一二给俺们呢？谢谢孔老师！

孔庆东

你知道军队的层级建制吧？

一个班长管理十来个人，难道一个师长要亲自管理一万多个人吗？

班上边是排，排长只要管好副排长和几个班长、副班长就行了。当然，还可以安排几个心腹战士暗中监督班长，这样，排长也是管理十来个人。

以此类推，连长、营长、团长、师长，其实都是管好十来个人。

因此毛主席教育领导干部说：一定要当好班长。

人有十个手指头，因此直接管理十来个人是最科学的。有的人本事大一些，那么再加上十个脚指头，管理二十来个人，也就可以了。不能说随着队伍的壮大，人就管理不过来了。

管理人的道理明白了，那么管理材料也是一样啊。无非就是个逐层分类。随着类别的增多，再进行动态合并。比如一个排从三个班增加到六个班，还可以叫排，但已经是加强排，如果增加到十个班，那么就合并升级，变成一个连，下面分三个排，每排三个班，连部直属一个班好了。

我的材料也是这样，逐级分类。电脑里的四个硬盘分区，一个是电脑系统区，一个是工作区，一个是生活区，一个是影像存储区。这就好比我手下的“四大军区”。以工作区为例，里面分文科、理科、北大、东博书院等若干大类，文科里面分文学、历史、哲学、政治、经济、法律等。文学里面分文艺理论、古代文学、现代文学、当代文学、民间文学、外国文学……你可能已经明白了，国家再大，人口再多，总统进入每一个层级，也只需要面对十来个人。

当然有的材料可能具有多重属性，那就可以同时放在多个类别中。比如《红色娘子军》，属于当代文学，又属于戏剧，属于芭蕾舞，属于样板戏，还可以属于女性主义问题，根据自己的需要，就可以置入多个文件夹中矣。

初中时候学的合并同类项、约分、和差化积等概念，很多人考试过后就抛弃了，其实那些知识都关系着人生最重要的基本技能。我并没有多少人生的诀窍，我只不过是一个老老实实的笨学生，我老老实实听毛主席的每一句话，听班主任的每一句话。我听这些话，本来是为了不要太落后，不要给集体拖后腿，结果没想到别人都不听，反而把我一个人推到前台来丢人现眼了。我幼年时代就很喜欢搭积木，直到现在我最喜欢做的事情也还是整理东西，归类呀，合并啊，忙得不亦乐乎。后来才慢慢意识到，做这些事情其实是很伟大的，因为每一秒你都在做着孔夫子所讲的“必也正名乎”的神圣之事。分类归类，就是正名也。

世界上二百多个国家和地区，不也就分成几大洲吗？或者像毛主席那样，分成三个世界也行啊。

愿我们共同努力，当好自己这个班长。

历史的警钟

⊙ 蓝天白云

孔老师好！小组《读报五分钟》节目播出有五个月了，在朋友们关心下取得了一点成绩。最近读报小组正做听众调查，以求更好发展。请老师百忙中略作指点。谢谢孔老师！

孔庆东

你们的《读报五分钟》，我听过若干次，感觉这个节目非常好，是当今中国独一无二的、正能量的、短小精悍的读史类好节目。内行人可以听出，你们背后花费了大量心血，为听众输送了宝贵的精神食粮。按照目前状况坚持做下去，其必将成为人类读报史上的一座丰碑。

当然，为了让节目办得更好，你们征集听众意见和建议，这也是非常必要的。如果问我的话，我也可以提供几点不成熟的想法。

第一，每次所读的老报纸上的内容，能不能与朗读当天发生某种关联。

第二，每次所读的内容，能不能与近期国内外大事发生某种关联。

第三，一段时间之内所读的内容，比如一个礼拜，能不能形成某种体系，也就是说拥有某种共同的主题。

第四，朗读的形式，也就是说朗读的音调、声调和风格，能不能与朗诵的内容构成更为有机的配合。

第五，根据具体的朗读内容，有的时候是否需要在开头或结尾加上那么一两句引导或者评点。

好，你们已经播出五个月了，我也就提这五点建议。祝你们的节目越来越成熟，将来让这成百上千个五分钟，成为人类历史上的声声警钟。

乘舟问渡

要孝顺有缺点的父母！

⊙ fan 乘风泛舟 ruan

孔老师您好，无意中在网上看到了您和艾跃进老师的视频，深感自己觉悟太晚，也每天关注您的微博，学到了很多人生道理。我是做建筑行业的，常年在外，不能很好地照顾家里。我与我妻子相识于 2012 年，风风雨雨走过了六个春秋，从房屋装修开始就一直有矛盾，并不是我妻子的问题，因为我还不是个真正的男人，遇到问题没有主见，甚至压迫妻子，我很对不起她。她生第一个孩子的时候，忍着剧痛，居然不要我陪，要她妈妈陪，我很心痛，知道在她心里我还不能够依靠。此时我父亲并没有来医院，在家发高烧，我并不知道他已经胃癌晚期了。孩子出生后妻子暂时在她们家坐月子，我又回到了单位工作。我妻子由于输乳管堵塞引发高烧，在她的小房间里忍受病痛。我妈妈也不想带小孩，认为带小孩一辈子为奴。紧接着我父亲确诊为胃癌晚期，生活不给我喘息的时间，高昂的医药费我也承担不起，家庭矛盾爆发，婆媳关系恶化。我父亲的兄弟姐妹凑点钱借给我们支付医药费。就在我父亲治疗期间，我女儿由于疝气，切除了一侧卵巢。我痛不欲生。对于这一切都始料不及，生活的重担一起压在我身上，我既要上班挣钱，又要兼顾我父母和妻儿。最终我父亲在2015年离开了我。父亲离开后，我母亲也主动上亲家门，关系有所缓和。随后我的二女儿出生了，我妻子在手术室生产时对我说："我其实很想你的。"这是最令我感到幸福的一句话。在父亲去世后的三年里家庭关系也正常化了，我很欣慰，觉得能够对得起父亲在天之灵。但是，最近我父亲在乡下的30平方米老宅拆迁，拿了一套80平方米的安置房由我母亲居住，她装修要10万元，因钱不够想和我拿4万元，但我只可以拿出1.5万元，她很生气。之后我看了设计方案，家里门窗墙体大为改造且不留房间，明摆着是一人居住，我自己本身有房不会和她一起住，而且工程造价也偏高，我为她一一指出其中猫腻，希望只包工不包料，还可以叫认识的人来帮她装修，但她不听我的，和装修公司重新谈价钱。我想起我父亲刚去世的时候，我回家翻我父亲的柜子，收拾老照片、口琴、旧手表，想把这些保存好，她却对我说，房产证不在家里。我真的很心寒，我虽然一心向着她，但我发现她想过富裕的生活，我做不到。一味依着她，只会再次造成家庭危机，不依着她，又会进一步加深她对我的误解。我就在你面前，你真的不知道我爱你吗？老师我该如何处理现在的状况？

孔庆东

年轻的朋友你好！

看了你的问题，很同情你。单看你这一篇自述，也确实充满了倒霉和麻烦。

但是你知道吗，几十年来，孔老师收到过无数对人生烦恼的倾诉、对生活痛苦的悲鸣。把镜头拉起来看，大地上其实有无数的人，都各自背负着重担，咬牙前行。包括孔老师自己，也并非一味吃吃喝喝，天天也都有各种麻烦和打击袭来，只不过洒家皮糙肉厚、虱子多了不咬罢了。

回到你的问题上，核心还是在于你自己。作为一个男人，不要怨父母，不要怨媳妇——他们可能都是有毛病的，但是男人之所以是男人，就不应该幻想别人没毛病，是男人就应该把周围人的毛病都扛起来！

你与母亲之间存在严重隔阂，冰冻三尺非一日之寒，你也不用幻想母亲能够理解你啦。你现在作为儿子，应该主动去满足母亲的自私心理。什么叫孝顺？父母如果是大公无私、充满爱心的大贤之人，还用得着你孝顺吗？

父母是普普通通的自私自利之人，想过好日子，想吃独食，想自己享用良田美宅、山珍海味，那当儿女的，就应该在法律允许的范围内尽量满足之。条件达不到，满足不了，可以表示歉意，希望父母理解，理解不了也不埋怨。这就是忠孝里面的中庸之道。

好在目前你跟妻子的关系不错，这已经足可欣慰。先搞好这个小家，同心同德，养好一双可爱的女儿。然后再量力而行去尽孝。**人的幸福并不建立在什么人的理解和肯定之上，而是夜深人静之时，咱们扪心自问：我是不是做了仁义道德之事？我是不是合乎天道之人？**如果你心里的回答是肯定的，那么，咱就是一个向着张思德、白求恩的境界，稳步前进的人！

因为我们是人！

⊙ fan 乘风泛舟 ruan

孔老师您好，首先祝贺您十万微博庆典顺利圆满地举办。今日再次向您提问，一是，首次提问本人受益良多（您所作题目：要孝顺有缺点的父母！），受您指导目前家庭关系稳定，也知道作为一个男人，责任重大。您的语言真如和尚诵经念佛，普度众生。非常感谢您的指点。我目前家庭和谐。二是，最近总看到有些不动脑子的问题，本人感觉连心诚都做不到。如果大家看到我提出的问题，能不能先问问自己：这个问题我有没有诚心诚意问？你们看过孔老师多少微博，自己能不能找到解决办法，连孔老师读过多少金庸作品都要来问。请经过思考再提问孔老师，一方面用不着浪费钱，另一方面也做到尊重孔老师。很多问题自己是可以找到答案的。

我这次的问题是，本人向往真正的社会主义生活，受孔老师影响，知识大长，知道读毛选，读鲁迅，也关注很多红色学者。我很想做一个像您一样正直智慧的人，如果做成您这样的爱国人士，此生无憾。我是一个干工程的基层管理者，您觉得我们这些普普通通的老百姓如何能够发挥自己的力量，为社会主义事业发挥积极有效的作用？在实际情况中，一旦用力过猛，会被人当作异类，但是不用力，人们不会把你的话当成一回事，仍然吃吃喝喝唠家常。

我自己也找到了一些办法，在我自己的岗位上（工地材料员兼项目办公室主任），尽我所能，对上面提出的不符合实际的官僚政策，实事求是地拿出方案予以反抗，对下面保洁、食堂管理等事务禁止贪腐。尽管只管三个人，但我对得起天地良心，也确实比别人辛苦，因为我要比不闻不问混日子的人付出更多。我不希望我的岗位管理范围内出现违规的事情。但我觉得仍然改变不了什么，我所做的努力可能一夜之间全部覆灭。孔老师，您对我目前的工作有什么指导意见吗？

孔庆东

谢谢您的祝贺！

也理解你详细叙述了自己的工作生活状况，然后提出了很有代表性的人生困惑。

在我看来，你已经做得很不错了。

社会主义理想，不是让我们天天嚷嚷社会主义。社会上如果好人不够多，那么社会主义就是一句空话。所以我们自己先要立足于做一个好人。

但是如果周围的人都堕落了，你一个人做好人还是有危险的。那怎么办呢？你需要打造一个安全的环境。

这就需要两点，第一要努力让周围的人也成为好人，第二不要嘚瑟自己是个好人。

做到这些以后，就应该只管耕耘不问收获。不要企求做好人好事就会换来什么，更不要以为好人有个几百万，共产主义就会很快实现。

好人是不求回报的。毛主席拼命为人民服务，也并不是为了自己能够看见共产主义。

江姐那些革命先烈，也许能够知道，革命胜利之后，可能会发生腐败，但他们依然义无反顾地为正义事业奋斗乃至牺牲，不为什么别的，就因为那样做是正义的。

这也恰如我们为什么要做人？不为别的，就因为我们是人！

你就这样坚持下去，快乐而自信地坚持下去，你的人生，就是熠熠生辉的！

什么是孔和尚的标准？

⊙ fan 乘风泛舟 ruan

孔老师您好！再次向您提问（第一次题目：要孝顺有缺点的父母！第二次题目：因为我们是人！）。受您指导，我秉持做人的基本原则，竟然从一个工地项目的材料员兼项目办公室主任升职为分公司办公室主任，我从未想过突然之间会受提拔，我也不明白领导为什么提拔我。自己认为大概经济下行压力大，好多人由奢入俭难吧，不太好用，而我一直也没怎么变化过，就像您说的，做好人不求回报。

这次提问一是感谢您的指导，坚定我做好人的信心，二是我带小孩的一段经历引发的思考。我不常回家，每次回去都是我和老婆两人带，想让老人都歇一歇。最近带小孩到迪士尼，小孩走不动，我都抱着她，累得我够呛，回来时坐地铁，四岁的大女儿要睡觉，也没人让座，我愣是抱着五十斤的小孩站了一小时。虽然回来后我胳膊都抬不起来，但在那一刻，我并没有觉得累，觉得是小孩告诉我们，做父母就要站直了做人。可是我回来告诉家人时，他们都没有朝这方面想，有的觉得地铁上人素质差不让座，有的觉得我们惯小孩。这只是一件小事，我要谈的是做父母的感受，在带孩子过程中的领悟，却没有人和我谈得来，除了我妻子，没人同意我的说法。我就想，一件事，不应该只从事件表面去讨论，尤其是经历了辛苦后，越发觉得有一个“道”在指引你，当你去谈论这个道的时候，也难以表达清楚，反而让人觉得你另类、不实际，越发觉得我们的行为模式似乎是规定好了的，是可以不用思考了的，并且还认为十分正确，从不怀疑。鲁迅先生说过：向来如此便对吗？人有思想枷锁时固然不自由，但时间长了，也就习以为常了。挣脱枷锁时，只要坚定信念，也总会成功。但最受不了的是旁人对挣脱枷锁人的指责，甚至还是你的至亲，打着爱的名义。请问孔老师有何方法能够解决这个难题，或者减轻人的痛苦？

孔庆东

首先，我们做事对不对，不能简单系于他人的评价，当然，也不能自以为是，独断专行。评价一件事情的对错，要按照道德的基本准则，比如有没有损人利己，是否符合仁义忠信。

按照这样的标准，你的所作所为是正确的。正是因为你做人的可靠，你在工作上得到了发展。你现在的问题是，自己明白自己的正确，但别人不理解、不明白，你觉得有些苦恼，对吧？

我的意见是，这是必然的，也是正常的。好人被坏人反对并且不能被庸人理解，正是世界的常态，也是好人之所以是好人的证明。你应该为此高兴，如同鲁迅所云：我将欣然，我将大笑。

人的幸福感，不是来自外界的评价，而是来自内心的安适。你在内心确认自己是正确的和高尚的，这就已经获得了幸福。那些胡乱猜测和评价你的人，恰恰是在地狱里，仿佛一群泥坑里的猪，在嘲笑着天上的雄鹰真黑呀！你看孔和尚每天不也被那群猪嘲笑、攻击着吗？但是孔和尚很欣然啊！

不过，我们是没有办法将猪变成人的，所以也没有必要与他们对立。大多数情况下，你要理解他们，然后假装糊涂和软弱，哄着他们玩一玩也就是了。

其实在我们成长和修炼的路途中，那些误解和伤害我们的人，也对我们发挥了刺激的作用，因此客观上讲，我们又不好贬低他们都是猪，我们反而还要感谢他们呢。

如果你能够达到我说的这个境界，那你就真正达到一个和尚的标准了。

冬至快乐！

逝去的亲人怎么看你？

⊙ fan 乘风泛舟 ruan

孔老师您好！我曾向您提问，您回复了“要孝顺有缺点的父母”，我之后对我母亲仍然是有求必应的，她今年房子装修好了，装修期间我也出了不少力，从装修快结束开始，她就像变了个人。一是，频繁地聚会旅游，作为退休生活，这本身没什么，关键都不顾身体了，重感冒也要坚持玩。二是，本来我母亲负责小孩的接送事情，居然把小孩落在学校忘接，也不说一声，学校打了电话我们才知道，匆匆忙忙把小孩接回来。她心里已经不愿意再帮助我们带孩子了，我也能接受，毕竟小孩是自己的，带不带不能强求。三是，我老丈人家的母亲辞世，家里忙作一团，我因为工作关系，不能待满三天，希望她帮忙带孩子，以减轻亲家压力，可她带着孩子转一会儿就送回来，根本没有帮上忙，忙着晚上跳舞，也太不近人情了。我也能理解，毕竟曾有过矛盾，不是自己的事情不上心。四是，自从她最近带大女儿去过商场，我四岁的大女儿一进商场二楼游乐园就吓得哇哇大哭，都不敢玩了，以前她最喜欢在游乐园玩了，一定是我母亲嫌小孩烦，吓了她。这下我真生气了，我也没有冲我母亲理论，她也不会承认，但我老婆憋不住了，和她理论一次，这下她彻底不上门了，甚至走在马路上迎面碰见也不理我们。我想曾经短时间的和好，也是她有求于我，现在房子她有了，装修也好了，也自然用不上我了，可以放情地玩，享受退休生活。最近去我婆婆家（老人家也在前不久过世了），我自小被放在婆婆家里带，那是我从小生活的地方，在院子里大家躺在木板床上，擦着痱子粉，吹着电风扇，吃着烧饼，看着黑白电视，那是我最怀念的童年岁月。随着婆婆的去世、拆迁的通知，一点一点地打碎我儿时的梦。那是多么美好的夏天，作为一个凡人也只想圆一个团圆梦，可是现在物是人非，连我最亲的人都要背叛我。我不怪我母亲，她选择了不带负担地自己过，是她的权利，我舅母也让我主动打电话给她，我真的不想打，我实在没有什么话想对她说了。如果再纵容她，我丈人丈母娘算什么，苦得死去活来地帮我带孩子；我老婆算什么？为了我，爱我，忍受一切不公平。我真的改变不了什么，虽然心里也知道只要自己能行得正坐得直，问心无愧就好，可是情感上仍然十分难受，看着自己的亲人活生生地和自己越走越远，甚至利用和冷漠，这可能也是做好人要付出的代价吧。想想我走了的父亲、婆婆，在天上是否能看见，我没有完成你们的心愿，你们会怪我吗？孔老师，我还有什么可做的呢？

孔庆东

你这次的提问，思想比上次明显有了进步。也可以说，是还在进步的路途中，今后还有进步的空间。

第一，你已经不奢望让母亲帮你做什么了，这就很好。

第二，你还能理解各人有各人的生活，即使是亲人，也不能互相干涉。

在这样的基础上，就好办了。母亲生养了你，你就尽自己所能，可以帮她的就帮，帮不到的就算了。但是不要反过来再希望她做什么，她也许有很深的自己的想法，或者受到其他人的影响和劝告。勉强让她帮你，恐怕会出恶性事故的。

在做事情的问题上，可以基本不再往来。

但是在感情上，可以保持联系。嘘寒问暖是应该的，关心安康是必要的。

宇宙本身就是寒冷的，是永恒的长夜。太阳之类的所谓恒星，放到宇宙中去看，可怜得很！温暖其实并不来自太阳，而是来自我们自己的心。太阳之所以伟大，也不过就是燃烧自己的心而已！

所以，不要再幻想，更不要懊丧。逝去的亲人们希望看到的，是一个坚强的你，一个善良的你，一个能够燃烧自己、照亮几十平方米宇宙的你！

你要立地成佛

⊙ fan 乘风泛舟 ruan

作为高级知识分子应当怎样活得更有意义？

首先我可能不算知识分子，大专学历，长期从事工程一线管理工作，不是农民工，也很像农民工。今年 3 月被提拔为分公司办公室主任，短短一个月不到的时间里也接待了各类领导和专家，尤其是一次接待设计院专家的经历颇让我有想法。一男一女，谦谦有礼，名牌大学毕业，有留学经历，BIM[1] 专家，科学理智，信佛法。应当说这样的交流对于办公室招待来说是比较舒服的，既无刁难，也谈得来（也是受老师长期影响），但总觉得对于高级知识分子群体而言，是不是少了些什么。他们追求更高的精神境界并努力修行，但作用面仅限于自己或自己的子女；精神境界的提升并非通过自身工作作为载体，而是业余的兴趣爱好。在我和他们就专业方面的交谈中，他们认为 BIM 画图将二维变成三维，是向更高维度发展，人也是向着更高维度发展，但又说到佛学是什么超 11 维度的，颇有追求佛法无边的味道。道理我都认可，而且人家不但是本行业专家，也熟读经书，我本应该羡慕不已，但我却颇有反感之处，我心中所想是为人民服务，只有以为人民服务作为衡量一个人修行的标准才合理，而不是什么维度。

总体觉得高级知识分子，所谓高级，只是高处不胜寒，力所不能及。我也并非挑别人刺，如果全中国的知识分子都这样，只管自己闷头修行，认为自己维度高了就佛法无边了，我们国家真

---

1 BIM 是 Building Information Modeling（建筑信息模型）的缩写。

的会有希望吗？难道真如鲁迅先生所说，他们心里住着另一个国度，以前我认为是美国，现在是超 11 维度的某个地方了吗？

孔庆东

首先，我们要区分几个概念。

一个是“高级知识分子”。知识分子不是一个道德称呼，也不是一个能力称呼，基本上是学历和职业称呼。解放前小学毕业就算知识分子——解放后扫盲了，慢慢初中、高中、大专毕业才算了。如今，什么人是高级知识分子呢？应该是具有高级技术职称的人吧。

既然这样，那么所谓高级知识分子，与高级木匠、高级厨师一样，只是在某个专业领域比较熟练，而其他方面可能平平，我们也没有权利要求他们不这样。如果认为高级知识分子就应该道德先进、智慧通达，那是你自己认识有误也。

所以，一个某领域的专家，完全可能是被街头混混忽悠去信佛信主的人，这没有什么可奇怪的。他们自私自利，糟蹋佛糟蹋主，也是必然的，你感到奇怪不解，说明你一开始就认识上有偏差。你拿着为人民服务去要求人家，我批评你一句，你这是不尊重雷锋啊！你岂能用雷锋的境界去衡量那么多的普通人呢？

说到佛法，我们可以使用现代科学术语去描述某个佛法境界，但须知这些都是比喻，不可坐实。倘若坐实，就说明不懂佛法，是被人忽悠了。而忽悠了你的人，也可能是被其他人忽悠了。

你本来活得清清爽爽，但因为拘泥于知识分子之类的虚妄概念，所以遇到一个相信什么超 11 维度的人，就被他打扰了。现在你放下这些，立地为人民服务，就又回到清清爽爽了。

想念哈尔滨酱肘子

⊙ fan 乘风泛舟 ruan

孔老师您好，漫漫独处期，对于渴望读书的人来说也未必是件坏事。眼看着《毛泽东选集》、《鲁迅全集》、《金庸全集》、“三红一创”、《孔庆东文集》，等等，我着实为自己准备了饕餮盛宴，也想多读书多长知识。可我看书总也看不快，像个啃甘蔗的小男孩，一口嚼半天，甘甜入心间，满桌甜杆子，何时啃到头。之前劝学群读《红岩》、读《水浒传》，我就没跟上，直到读《子夜》侥幸获得三等奖，虽然也补上了《红岩》，但《水浒传》还没读完。我读书喜欢细读，对陌生字和典故总要查个明白，有时竟岔开原文好远，才飞奔回来，结果不得不把整个段落再读一遍。比如看《天龙八部》，我又不太懂文言文，结果为了弄清楚凌波微步，把《洛神赋》读了一遍，也感叹“凌波微步，罗袜生尘”用得好。可这速度也太慢了，我本想十四天读完金庸的十四部小说，简直是不自量力，我看读完六七部就不错了，我也真难以想象孔老师你的读书速度。我想读快可能还是种逐利行为，渴望尽快习得高深武学，独步江湖，锄强扶弱。也好在我读书时真的很享受，忘却了这番心思，也是一个又一个鲜活的人物撞击到我的心灵，使我没有了这番功利心。我至今还记得那个夜晚读到江姐受刑，搞得我一夜没睡熟，手指像钉了竹签一样刺心的痛。好像我以后遇到不平事，这个眼神也变了。不过我还是在乎读书的速度，我都快四十岁了，读书也晚了，还是想多吃两口饭，强身健体。放在眼前的任务，不管是国家层面的，还是单位层面的，还是小家庭的，都需要我快速成长，甚至觉得坏人好像成长得比我快。孔老师您有没有协调读书速度和质量的办法？真想学个北冥神功啊，按住坏人拇指，将他的内力源源不断地送入我体内。

孔庆东

你说得很清楚，也很诚恳。很多爱读书的好青年，大概都人同此心，希望短时间内如饥似渴地吞下大量人类文化宝藏吧！

我首先告诉你，你现在读书的速度，并不算慢。只是因为你的野心比较大，所以对自己很不满意而已。

比如你想 14 天读完金庸的 14 部作品，用朱自清的话说，这是怎样的一个妄想呀！这连孔和尚也绝对做不到。你如果能用 140 天读完，基本上就算当今杰出青年了。

你还透露出一个问题，就是文言文的功底不好。这是影响阅读速度和理解速度的关键原因。我在不止一个地方讲过，要想读书快，首先要读书慢。怎么个慢法呢？就是扎扎实实地把文言文拿下来。如果能够把 30 篇到 50 篇文言文读透，那么再去读半文半白的《三国演义》和《水浒传》之类，就会非常轻松。如果再读现代文学作品，基本上可以八小时读一本。倘若去读当下那些流行文学，那么两三个小时读 20 万字，就绝不是一件吹嘘的事情。

这就是快与慢的辩证法，也是你所讲的质量与数量的辩证法。你按照我的说法去做，效果慢慢就会呈现出来，那时候快慢自如，读书之乐，就是给个肘子都不换啦——当然，一边读书一边吃个肘子啥的，那就更好啦。

不能老乘风啊

⊙ fan 乘风泛舟 ruan

孔老师，您在微博上推荐加缪的《局外人》，是否想让大家不要在制定好的规则下做白日梦？看到荒诞，反抗虚无。是否我的理解太笼统了？您能简单说说《局外人》这本书和您推荐的用意吗？

孔庆东

凡是优秀的文学作品，其阅读功效都是多方面的。你这种主观猜测推荐意图的思路，首先就是错误的。如果不是付费提问，我很可能不乐意搭理你，或者调侃你两句完事。但你既然认认真真付费提问了，我不能见死不救，因此必须正襟危坐，严肃地批评教育你。

先打个比方，假如我推荐你去吃一家饭馆的刀削面，你就猜测我是为山西人民做广告，或者委婉暗示其他面不好吃，或者表示我不爱吃大米，或者提醒这家饭馆没有转基因……你的猜测可能都是对的或者都有一部分道理，但是这种提问有什么用呢？这些理由就不能同时存在吗？

如果你是猜测着我推荐的理由去吃那个刀削面，那还能吃出真正的美味来吗？

你可能已经明白了，如果我们怀着一种很明确的目的去读书，那就可能读歪了，那就可能根本读不进去书。批评得再尖锐一些，要求读书之前先获得有什么营养的保证，然后再去读书，那就是一种下流心理，那就是市侩在投机。

话说回来，我之所以推荐刀削面，就是因为它“好吃”。

一个“好吃”，包括了全部的理由。但是你对此也不能当真哦，因为你吃了之后，完全可能觉得“不好吃”，这是你的自由，我并没有向你提供“好吃”的道德和法律保证也。

因此，你在提问中的那些猜测，看上去有一定道理，但同时也排斥了一万多种其他的理由。

当然说到底，这也不是你的错，成千上万的人可能还不如你呢。让你马上改掉，也有一些难度。但是只要你心中回响着孔和尚这些很不好听的话，那么总会吃出真正的人生美味的。

乘你的风

⊙ fan 乘风泛舟 ruan

最近带妻子去了开封和洛阳自驾游，游览了清明上河园、白马寺、龙门石窟、洛邑古城、应天门、隋唐城遗址植物园等景点，还有郑州三个塔（中原福塔、千禧塔、二七塔）。八路军驻洛办事处纪念馆由于周一闭馆很遗憾没有参观。三天旅游我没啥感觉，再加上女人逛景点还会有点购物，要省、要好、要多，就是奔波。这次旅游我没有做什么功课，知道一个景点就去一个，有些触动的是首次看见龙门卢舍那大佛，当我爬上阶梯，脱口而出“我礤”，罪过罪过！这巨佛是很慈祥的，任时光荏苒，她岿然不动。再一个是白马寺门前的猫，毛色不太好，但见人就叫，我很喜爱。清明上河园的菊展中菊花很美。再有是白园，我在白居易墓前很自然地鞠了三躬。其余的我也没啥感觉，基本上遇景点不知历史，遇字画不懂意境，遇游人不想交流。我的心门难道是关闭了吗？回来后送走妻子，也觉得平时要多出去走动走动。一天晚上，和同事闲逛郑州龙湖公园，没想到路灯也没有，心想活动安排得不太好，慢慢地月亮从层云中探出，我从没见过这么大、这么温柔的月亮。老师旅游是否十分开心充实的呢？是我太无知、太狭隘，暴殄天物了吗？

孔庆东

你提了一个非常具有普遍意义的好问题，我就乘你的风来泛一下舟吧。

首先向你推荐一篇孔庆东先生的杰作《旅游与旅游文学》，此文虽然写于十多年前孔和尚担任“世界旅游文学学会”创始理事的时期，但是至今仍然闪耀着灿烂的光辉。请看该文的开头部分：

不论将“旅游文学”定义为后现代社会的产物，还是归纳为古已有之的文学范畴，我们都可将之视为一种依托于人类的旅游行为而产生的文学，当然也可以说是文学在旅游领域的延伸。今天我们生活在一个“旅游时代”，由于交通工具的发达，人类远行能力的提高，加上消费社会的宣传诱导，旅游成了当代人类生活内容的重要构成之一。不过大多数人其实并未去深思，“到底什么是旅游”和“应该怎样旅游”。大多数服膺于现代秩序的良民，只是依约付款，把自己交给旅行社，然后让自己的身体被人家按照组织程序，运载到某些地方进行某些规定动作而已。有人调侃当今的旅游是“上车睡觉，停车撒尿，下车拍照，回来一问，什么也不知道”。这样的旅游，可能还不如高卧家中看电视里的旅游节目，因为旅游节目会更精练地传达给你那些普适性的关于旅游胜地的知识，使你能够侃侃而谈胜过亲历……

看到了吧，你的问题，孔和尚早就触及了一部分。大多数人本来就是在麻木状态之中旅游的，不是他们在游山玩水，而是他们的身影在山水之间穿过，然后就交上穿行费而已。

但是你能够提出这样的问题，充分说明了你的与众不同 。大多数麻木旅游者并没有意识到自己的麻木 ，而你却意识到了，说明你不甘于麻木，而向往着真正的旅游。那么你应该怎么办呢？

第一，要事前有所准备，有所计划。第二，要投入热情，投入灵魂。不只是用感官去旅游，而要用心灵去旅游。第三 ，要善于发现别人不注意的景观和事物，比如你能够发现那轮温柔的月亮 ，这就说明你是具有真正旅游者的潜能的。

总而言之，要把旅游和阅读与思考充分结合，才能使旅游成为你生活的一部分，而不是挂在生活之外的一个硬盘。

最后，再把我那篇文章的结尾送给你读读，让你向往一下真旅游的伟大境界：

……所以，保持独立的想象，才有真正旅游的资格。这样的旅游所获，不论“正确”与否，是具有个体价值的。而这样的旅游者，才是真正现代的独立的人，由千千万万这样独立的个体组成的一个民族，才是真正民主自由的民族。否则依然还是鲁迅笔下写的没有个人主见的“庸众”。可见，旅游可以启蒙人，也可以愚弄人，国家和政府有国家政府的选择，旅游机构有旅游机构的选择。而旅游者和旅游文学的作者，不可不思考自己的选择。

阿门！

发泄发泄也无妨

⊙ fan 乘风泛舟 ruan

当我又觉得我是个人的时候，是我和老婆相处半年了。她让我要有自己的主见，我还以为她在挑拨关系，直到她因生孩子难产跟我说“我真的爱你，我以后有控制不住情绪的地方，你一定要阻止我”的时候，我知道她和我这个混蛋说了最彻底的表白。她因为乳房发炎无法喂奶给孩子时候，她躺在我这个冷冰冰的还沉浸在父亲过世的迷茫中的近似陌生男人身边的时候，她和我说“我无论如何希望你都要做一个正直的人”。她都忘了，我还记得，她已经如此庸俗地沉浸在淘宝直播里。我知道是某种逃避，是对现实的逃避，但我就是她最重要的现实。她常对我说，“你在外面继续干吧，我还能跟着你去旅游”，一是为了生活，二是她作为一个女人只有通过我这个窝囊废来放飞她的自由。这个窝囊废是我对自己的惩罚，她不会认可的，她不会认可她的男人是个窝囊废。她恨我的妈妈，极恨。没有我，她们什么关系也没有，为什么要恨？我不要她们仇恨，但因为有我…… 我被撕裂了，我这个 80 后，为什么要承受这样的灾难……我不怕，来吧，你们弄不死我，来吧！我喝了酒，越喝越清醒，还有比我爱人对我的嘱托更真实吗？还有比我老娘的指责更真实吗？或者反过来。那，真的，扎在我，稚嫩的胸口，扎下那人性。你被扎过吗？请你不要忘记，那真实！我其实一无所有，我拿出这个一无所有的微弱的生命在讴歌，你难道还不信吗？人间自有真情在！你难道不能为她们奋斗终生吗？为了祭奠我英年早逝的父亲，为了包容我自私自利的亲友，为了那可爱的家人，烧尽我最后一滴血。但你们记得人间终会春暖花开，喜庆东方！一个无知酒徒的呐喊。

孔庆东

小舟同志啊，你这好像不是呐喊，而不过是喝多了之后的满嘴乱嚷嚷哦 。

婆媳不和是常见的，当代尤为普遍。

夫妻隔膜也是常见的，心心相印，那是传说。

至于女人沉溺庸俗琐事，还要埋怨男人没本事，恐怕不少家庭都如此，只是表达程度和方式不同而已。孔和尚这半辈子，大多数时间在亲人眼中，也不过是个窝囊废。你以为孔和尚整天给人家解答情感问题，都像那些专家一样，是坐而空论，而不是发自亲身的惨痛生活经验吗?

你是一个有理想 、有志气、有本事的好男人，在这个庸俗的时空环境里，必然被歪曲、被误解、被贬低，这都没有什么好埋怨的，只有真正的窝囊废才不被误解、不被贬低。头经刀砍方为贵，人不被冤是庸才。越是好男人就越应该承受这些，甚至享受这些。

当然，如果我们所遭受的痛苦是来自亲人、爱人，有时候确实令人无法忍受，那也无妨吵闹一场，发泄一下，但过后我们应更加冷静，如同酒醒之后不再狂野冲动一样。

什么撕裂呀，烧尽呀，都是你一时激愤之下产生的幻觉。我也经常幻想着，能够一举消灭帝国主义和汉奸，但幻想完了，还得一页一页读书，一句一句说话，一口一口啃肘子啊。

根据我对你的判断，我估计你酒醒之后，应该能够恢复理性，笑看自己的这点儿家庭忧烦。多少英雄好汉，都是被老婆骂，被母亲怨，因此英雄好汉才不好当，当上者才那么少，才那么难。

最冷的节气就要到来了，相信你能够坚强乐观，用博大的胸怀战胜严寒，获取那份属于你的花开春暖 。

我跟黛玉

⊙ fan 乘风泛舟 ruan

吃虾更斯文？ 如今酒席上美味繁多，可谓应有尽有。但我发现个奇怪现象，就是吃虾！总觉得吃虾是门艺术，把虾肉吃掉，虾壳完整地留下，好像我只吃肉又不损害什么的，非常巧妙又不得罪人，颇有绅士风度。或者实在是没有健康的美味，想想吃虾又不当饱，又能消磨时间，况且只吃虾身。我总觉得有些心理上的问题。其实我确实是个大鱼大肉主义者，三天不吃猪肉，没法正常走路，我要图个吃爽，在我看来专爱吃虾就不爽气，不过瘾。但生活中不爽居多，“吃肉”也难得，吃虾未尝不好，虾壳虽硬，但剥开没有脊梁骨，遇事就会内卷，外形虽然凶悍，但满脑子糨糊，把头一揪，可尽情享受神经紧绷的虾身，很有口感。我遇到很有“特殊知识阶级”特点的人，好像很喜欢这样含蓄地吃肉，我不知道是我所知甚少，没有大数据的妄断，还是我特别在意这样不爽气的人，而造成的错觉。但我总觉得吃虾这件事很可疑。老师您觉得怎样？

孔庆东

你的问题包含两个层面，一是吃虾本身的食物选择，二是吃虾与人品性格的关系。我混在一块给你解释一下吧。

一般来说，吃鱼吃肉，是大多数人的正常喜好，特别是在鱼肉不能大规模生产的传统社会，鱼和肉不容易经常吃到，所以吃鱼吃肉是高级生活的象征。正面讲，孟子说老人到了七十岁，应该多吃点肉；反面讲，统治者祸害人民，叫作鱼肉百姓，都说明了鱼和肉本来是高级食物。

而虾类相对来说，比较容易获得，农村孩子随便出去转转，就可以搞到很多，可是既不能吃得“过瘾”，也不能增加很多热量和营养，只能看作大鱼大肉的蹩脚替代品，正是贫穷生活的象征。所以过去吃虾是并不高级的——除了非常著名的龙虾和大对虾之类。

而现代社会，畜类鱼类都改为大规模机械化养殖了，价格低廉了很多，成为更新体力和补充热量的主要来源，所以吃鱼吃肉，恰好证明了生活在底层。以前我们说资本家地主“脑满肠肥”，现在满街的大胖子基本都是劳动人民，而富豪们却普遍讲究养生和健身，身材都很健美了。因此吃点虾啊蟹啊田鸡啊鹌鹑啊，就成了高雅生活的表演。

你说的“爽气”，就正好是劳动者追求的境界，而扭扭捏捏假斯文，半吃不吃的，现在代表了“对高级幸福的追求”。你想想《红楼梦》里面，贾府的主人肯定是津津乐道小虾小蟹的美味的，而刘姥姥才会“吃个老母猪不抬头”噢。

那么像孔和尚这样的本来有条件天天吃虾吃螃蟹的“准资产阶级学者”，为什么却要坚持大鱼大肉呢？这就是他另有一番饮食美学追求了。通过这样的食物选择，他尽量把自己留在劳动人民之中，同时也是对假斯文的资产阶级的一记耳光——我让你们装！

不过，现在的大多数鱼和肉，也确实都是在有害环境中养殖的，吃多了危害健康，因此孔和尚一家也是基本不去市场上买鱼买肉的，有朋友赠送绿色纯天然的鱼肉就吃，没人赠送就正好吃素，或者像我昨晚晒的夜宵一样，吃点小龙虾之类，心里也很满足。

这样看来，你的一系列“可疑”，其实都是很有道理的。饮食男女，处处都潜藏着阶级斗争，但又不要机械僵硬地都用阶级斗争的办法去处理，在认识到阶级斗争的前提下，还要超越阶级，用更加宽广的文化视野去看待，去分析，去实践。

其实如果打通了文化隔膜，看穿了雅俗形式，不论吃什么，只要健康，自然，不损人利己，不妨害他人，那就都是高雅的。我就不信林黛玉跟孔和尚面对面坐在马扎上啃肘子，那个孔和尚就会不爱她了，是吧？

沧海月明

吃饭穿衣，都关系到人兽之别

⊙ 到底让换昵称吗

尊敬的孔老师，今天请教您关于两条《论语》的问题：一是，为何“割不正，不食。不得其酱，不食”？二是，在“君子不以绀緅饰……”一节中，孔子的意思是否为穿戴要讲究舒适、实用、合规、搭配？正色和间色的划分，是依据美学？心理暗示？或者是其他什么理论？另外，怎么理解“必有寝衣，长一身有半”？拜谢孔老师！

孔庆东

你的提问非常有学术含金量哦，所以我必须要先声明一下下啦：第一，我不是《论语》专家；第二，我不是饮食专家；第三，我不是服饰专家。我只不过跟你一样，是这些领域的爱好者而已。

所以咱们两个爱好者就随便交流一下吧。

儒家认为，一切人生细节，都应该是严肃的、庄重的。即使自然随便，那也是经过了严肃训练之后的一种高大上的境界。就像孔和尚说话，**看上去非常随便，其实到处埋伏着古今中外的千军万马也。**

儒家的这种思想，经过了中国人民两千多年的发挥发展，就变成了家喻户晓的“坐有坐相、站有站相”。所以趴在桌子上吃饭，肯定是不对的。

古人吃烧烤，也用刀去切割，但一定要切割得方正好看，也就是说，要跟狼狗撕咬猎物的形态区分开来。因此孔子严肃地规定：切得不像样就不吃。这里的正，要宽泛理解，不一定就是正方形也。

同理，调料也不能乱用。

穿衣服的问题，你理解得正确。服饰是礼乐制度的重要内容，古代没有内衣，所以人们睡觉时穿的衣服，一定要长一些。

时代变化了，我们也不能僵化地死守古人的规定，但是应该理解古人的精神。吃饭穿衣，都是人生大事，要合乎礼法，也要合乎艺术美学也。

孔和尚教你怎样拿下一座城市

⊙ 到底让换昵称吗

请问孔老师，如何在几天的时间内，了解、欣赏一座城市，尤其是一座陌生的城市？

孔庆东

旅游，如果比喻成学习，那么就一定要预习；如果比喻成打仗，那么就一定要不打无准备之仗；如果比喻成婚姻，那么就一定要先谈恋爱。

如果毫无准备地去一座城市，待了几天就走，那么对大多数人来说，可能连“走马看花”都达不到。对他们来说，哈尔滨跟广州是差不多的，东京跟台北是一样的，纽约跟莫斯科也是可以互相取代的。

很多老革命的回忆录，对战斗场面记得很清楚，但是可能地名、环境、风景等都写错了。那就是因为他们是**在没有准备的情况下，被动经过那些地方，所以除了自己干过的事儿，其他都是模糊的。**

明白这个道理，那么旅游之前，首先要读书，要读所去之处的历史、地理、人文、经济等各方面情况。不喜欢读书的话，现在网上查阅也很方便。另外要看地图，一定要清楚诸城是在青岛和济南之间的什么位置，然后再琢磨为什么这里出了那么多伟大的人物。

到了一座城市之后，除了那些最著名的景点，一定要去走走普通的街巷市场，看看各类市民的基本生活，听听他们的说话，尝尝他们日常的餐饮。在各种旅游景点之中，最容易被忽略的，一个是博物馆，一个是烈士陵园。**在时间和日程比较宽裕的情况下，不看博物馆，是无知；不瞻仰烈士陵园，是无耻！**

在旅游过程中，要把阅读所得的知识，与眼前的一切不断对比，不断分析、感悟，就像首次相亲约会，不断将媒婆所介绍的情况，跟眼前之人对比：媒婆说这姑娘过日子是一把好手，哦，原来是只有一只胳膊啊！

旅游回来之后，最好再复习一遍阅读资料，然后写点游记。这样，一座座城市就是鲜活的啦。

怎样迅速知人？

⊙ 到底让换昵称吗

请问孔老师，如何对一个初次见面的陌生人，通过吃饭或者交谈，有一个初步的判断？

孔庆东

嗯，上次你问过，如何在几天内了解一个陌生的城市吧？

这次你问如何了解一个初次见面的陌生人，这跟了解一个城市有相通之处，但也有颇为不一样的地方。

对于城市的知识，可以预习，而对于一个陌生人，如果事前约好了见面，尚可预习，如果是仓促见面，则只能是短兵相接了。

还有一点不同是，城市是比较老实的客体，不会掩饰自己，而人际交往中，很多人已经习惯于呈现一个虚假的自己，还认为自己很真诚呢。

那么如何在短兵相接中，比较迅速地了解一个人呢？

其实最重要的，还是“预习”。

这里的预习，不是指对这个具体的陌生人的事先了解，而是平时就要**对人、对人性，进行大量的钻研和了解。**

这种钻研主要有三个途径：一是研究经典文学作品；二是研

究真实历史人物；三是对于生活中所接触之人，只要有时间，就细心琢磨。

这样进行一段时间，就能够从一个人的说话、表情、动作中，迅速判断出该人的出身、品质、性格、作风，乃至职业、学历、爱好，等等。

你看孔和尚在微博上根据片言只语，往往就能判断出一个人的很多信息，准确率很高。这就是长期研究人的结果。

另外一些网友请我看其命理，面对同样的八字，那些所谓的“命理大师”为什么准确率不一定比我高呢？因为我往往从网友的提问方式本身，就获取了某些关键信息。

这就是“语文功夫”也。

你按照我说的慢慢练习吧，知人的乐趣是无穷的！

大鱼大肉说钢琴

到底让换昵称吗

孔老师，您能否以如何欣赏钢琴演奏为例，说明您是怎么欣赏到音乐的美妙的啊？

孔庆东

这个问题太有难度了，因为文字最难处理的，就是声音问题。

说到欣赏音乐这件事，首先要感谢的不是钢琴、胡琴、小提琴，而是要感谢我成长的那个年代——那个年代可以叫作收音机时代。

收音机的普及，对人类的审美产生了重大影响。电视机普及之前，收音机大大提高了人类对听觉艺术的重视。当电视机普及之后，人类的听觉审美能力就逐渐下降了。

下面再说钢琴。我出生于普通劳动人民家庭，家里是买不起钢琴的，但是买不起钢琴，咱们看见过钢琴，特别是收音机里经常有钢琴节目。比如说殷承宗这样的钢琴大师的艺术，从遥远的天际传来，这对于我这一代孩子是非常重要的。

我沉浸于那些美妙的声音之中，那时候既不识谱，也不懂什么旋律、节奏、风格，只是用一颗淳朴的白心，直接拥抱那些声音，我认为这是最根本的艺术初心。

要能够欣赏钢琴之美，当然就需要欣赏其他乐器，在对比中才能鉴别出特性。通过收音机，我们可以接触到几十种乐器的声音，在现实生活中，到处都有大提琴、中提琴、小提琴，笛、箫、黑管，唢呐、长号，手风琴、管风琴，等等，各种各样的乐器。通过对比，才能够体会到钢琴的王者地位。不论其他乐器如何婉转华丽，喧闹嘈杂，只要钢琴一出场，顿时好像百兽喧哗的森林中传来一个声音：老虎来了。

我去过一些有钢琴的人家，趴到钢琴的后面，仔细观察过钢琴的结构。这使我知道了，那些独特的声音是怎样发出来的。我吃饭时，用筷子敲击大小高低不同的餐具，也能发出各种好听的声音，钢琴也不过就是比我高级霸道一点而已。这种想法，使我减少了对钢琴的盲目崇拜感。当今中国钢琴产量雄居世界第一，我想，这也与中国人民普遍去掉了对钢琴的崇拜有关吧！

由于家里没有条件，我很少有机会亲手接触各种乐器，但是我可以在欣赏各种乐曲时，心里想象是自己亲手在演奏。比如说听钢琴的时候，我就想象自己的一双黑爪子，如何在那里乱弹。时间长了，那些声音就好像不是从耳中进入心中，而是从心中直接生长出来。

到北大上学后，我选听过西方音乐史课程。课是在礼堂上的，教授在舞台上，一边在钢琴上演奏，一边细腻讲解。这对系统提高我的音乐欣赏水平，起到了很大作用。我还听过一些音乐会，参加过一些音乐创作活动和欣赏活动，通过全方位的自我挠扯，成为一个普通人群中略具音乐素养的门外汉。

最后，艺术门类之间都是相通的，不但乐器之间相通，器乐声乐相通，音乐与美术、建筑、文学乃至衣食住行等日常生活，都是相通的。

我的老祖宗形容音乐的一句话“三月不知肉味”，使我明白了，真正高雅的艺术修养，其实就存在于大鱼大肉之中啊！

你提了一个非常有学问的问题！

⊙ sunshineGuo854

您好，您怎么理解“吾爱吾师，吾更爱真理”？

孔庆东

我们为什么要爱吾师呢？

因为吾师引导我们走近了真理。

在这个过程中，吾师付出了心血、智慧、劳动、爱心……所以我们出于人性，自然就会产生对吾师的敬爱。

但是，吾师再好，也毕竟不是真理本身。吾师也会犯错误，也会犯糊涂，有时候甚至会走到真理的反面。

所以，对待吾师，要有一种辩证的科学态度。真理，当然是地位要高于吾师的。

所以古人才说“天地君亲师”，师排在第五位。

但是，真理高于吾师，不等于说要把真理跟吾师对立起来。当吾师错了的时候，我们可以不听他的，但是不能否定对吾师之爱，更不能以吾师错了为借口，欺师灭祖。

正如糊涂的父母仍然是父母，错了的吾师也仍然是吾师。把自己跟错了的吾师一刀分割开来，其实是一种残忍的自私，不过就是想显摆自己永远正确而已。

唐僧对于孙悟空来说，是个经常犯糊涂、犯错误的吾师，孙悟空可以反抗他、埋怨他、讽刺他，但唐僧永远是悟空的师傅。

孔和尚也有糊涂的老师、错误的老师，但是孔和尚仍然敬爱他们。

爱吾师，本身就是一种真理也。

这个简单

⊙ 何志江艺术家

什么是人生价值？

孔庆东

就是你为别人、为大众，做了多少好事。

放弃过他们

⊙ **紫槐寻真**

你人生中有因为什么而放弃过哪些人和事？现在是否后悔？

孔庆东

我大四的时候，在读研究生的问题上有多种选择，好几个专业的导师包括外系的导师想招我。但是我想学中国现代文学，就放弃了其他，报考了钱理群老师。

现在非常得意，哪里有什么后悔。

我会这么干

⊙ **寄风向真**

如果让你重生一次，你会做什么？

假如给你一次带着记忆重生的机会，你会怎样度过这一生？会改变自己吗？

孔庆东

我会好好学习，考上北大，然后在北大当教授。

你搞错啦

⊙ 我爱思想 5938707739

为何一个人层次越高越懂得尊重人？

孔庆东

不是因为层次高而尊重人。

而是因为懂得尊重人，所以他的层次就高。

威虎山就是未名湖！

⊙ 黄土地的儿子 9

孔老师您好，我去北大听过您的课，对您很是佩服。我想请教您的是关于成长方面的困惑。我反思自己有几个问题觉得很难突破：①我从农村出来，视野狭窄，能力素质差。都说“寒门出贵子”，但我感觉，在这个社会，你奋斗的终点可能就是别人的起点。我受家里影响比较大，父母都是“望子成龙”，希望我摆脱农村的出身，到“上流社会”，但我自己感到比较难，因为真正的贵族应该是思想上的贵族吧。在我走这条路时，时常感觉自己与别人有差距，视野狭窄，能力素质差，在乎眼前得失，战战兢兢，唯恐犯错一不小心走了弯路。但在这个过程中，真的是没有感受到学习的快乐，没学到多少真东西，也时常感到被各种东西束缚，不能真正做自己，重“术”不重“道”。②我不知道自己未来应该选择什么样的职业。我是学计算机的，比较热门，好好学的话去公司搞技术、搞科研并不难，但我不想挤破头去和别人竞争，看谁发的文章快、发明的技术好，想真正把技术拿到基层为普通人服务。但是，父母的期望、自己生活的窘迫，又让我倍感灰心丧气。我喜欢读您的书，受您启发也看一些毛主席、鲁迅的书，但自己书呆子气重、工具理性、思考问题简单，往往不注重过程，一味追求结果，总想找到方向再去想具体怎么做。我想请教一下老师，在现在这个社会，结合我的实际，该怎么向这些伟人学习呢？希望孔老师能指出我的问题，给我指一些具体可行的办法，比如现在应该读什么书、该做什么事呢？谢谢孔老师！

孔庆东

这位青年朋友你好！很高兴在国庆假期回复你的提问。

你的两点困惑，其实是亿万青年朋友共同的困惑，完全没有必要自己单独扛着而自卑。而且大多数人明明有困惑却不承认，你不但承认了，还自我整理了，还知道读我的书，读鲁迅的书和毛主席的书，你这已经很不错了。所以你提出的实际是比较高级的自我要求也。

具体而言，第一点，你不满足于求术，你想求道，这当然是正确的。然而**世界上没有空洞的道，道是蕴含在术里面的。**空洞求道的，不是“极左”就是“极右”。所以一定要踏踏实实去学习具体的知识和本领。

第二点，**不要埋怨社会黑暗，它黑暗，咱就批判，但咱不必埋怨，更不能不吃饭！世界永远是不完美的，世界的不完美加上咱们的斗争，才是完美！**

所以，你搞科研和为基层服务，并不是矛盾的。到时候看机缘就是了。你看孔老师，身在最高学府搞科研，这耽误我化身孔和尚为亿万劳动人民服务了吗？人民英雄杨子荣，不论身在威虎山，还是未名湖，都是“一颗红心似火焰，化作利剑斩凶顽”！

开心的问题

⊙ 微博问答

身边有很牛的人是种怎样的体验？

“人比人，气死人。”从上学开始，人生就好似一场赛跑。纵然你学习再努力，也总会有那种看似在玩耍但成绩巨好的同学；总以为考上国内重点大学就是终点，但身边人却去了世界顶级学府；毕业后拼力找到工作，却有人一跃进入世界五百强……你身边有“牛人”吗？听到他们的故事你有哪些感慨？

孔庆东

我身边经常涌动着各种牛人，是真正的牛人，各行各业非常有成就的人。

我跟他们互相尊敬，平等交流，契合度比较高，所以那种感觉非常开心。

人家打鸣，你不要下蛋！

⊙ 小项的 id

孔老师您好！有时在面对对方的善意批评时，对方的语气比较冲，在这种情况下如何克服内心的紧张和恐惧，及时改正自己的错误，不受心情的影响越做越错？另外在遇到吵架、打架的场合时，如何避免自己的情绪心思被带跑了？

孔庆东

你能够首先意识到对方的批评是善意的，这就很值得肯定哦。特别是在当今这个时代，被人批评了，还能够去分辨对方是不是善意的，这样的人就是潜在的君子，就是有出息的人才。

既然意识到了对方是善意的，那么就不必计较对方的语气。别人可以劝他语气不要那么重，别人可以给他的批评方式提意见，但是你不能。**你应该连同对方强烈的语气一同接受，这样才真正落实了你是一个君子。**

接下来，如果连对方有点过分的语气都能够接受了，那么自然就不会紧张，自然就指向自己的内心，使得自己停止错误的言行。

相反，如果计较对方的语气，就可能抵消了对方的批评本身的准确性，使自己处于一种不正常的心态，反而会越来越错。

遇到别人吵架、打架时，第一，要出于公心，判断清楚是非曲直；第二，要看明白事情跟自己的关系。这两点解决了，自然就会处于比较理性的状态，**情绪有了主心骨，就不会被外界情况带跑啦！**

推荐

⊙ 冰香幻枫

如何下好人生这盘棋？对于人生这盘棋，我们该怎么做才能落子无悔？

孔庆东

请读《十八天大楼的棋》。

孔和尚为什么不写小说？

⊙ **惯看_秋月春风**

孔老师，又来打扰您啦，您别嫌我烦啊！您在《永远的麦田少年》里写曹文轩老师有一次说：“孔庆东你为什么不写小说啊？你的语言非常好啊！”我跟曹老师有同样的问题。我特别希望孔老师有朝一日写部小说得个什么文学奖，以文学家名垂青史。您的书拯救了我，在我眼里您是当之无愧的教育家和社会学家。就是觉得孔老师写个小说更能坐实文学家这个名，您绝对有这个实力。孔老师的小说一定是兼具审美、深刻、战斗性。但您曾经说过中文系不培养作家，让我觉得您并没有打算写小说。孔老师您是怎么考虑这个问题的？

孔庆东

谢谢你对我的褒奖和信任！曹文轩老师不止一次对我那么说过，还有其他的老师和同学也对我表达过类似的意思，我自己也曾经严肃考虑过这个问题。

不过我终于还是没有专门拿出时间来进行大规模的“虚构类文学创作”，所以虽然也被尊为“作家”，但实属滥竽充数，更多的力比多，还是喷洒在其他的“正业”上了。

这里面的原因有很多，但与“中文系不培养作家”无关，因为作家本来就是不能培养的，作家可以出身于任何专业和职业。更重要的原因可能在于我对文学功能的认识。

文学功能很多，最大的两项，一是救世，二是自娱。孔和尚要救世，法门很多，尔等想必已见识不少，何苦拐弯抹角说鬼托梦哉？孔和尚要自娱，法门更多，传道授业，读书讲演，吃喝旅游，唱歌赏曲，谈天说地，招猫逗狗，学雷锋打汉奸……无往不乐也，亦何苦编故事造人物，苦中作乐哉？

当然，孔和尚并非绝对放弃创作，没准儿八十岁后专心创作二十年，也有可能。但孔和尚的“大文学观”，并不以小说戏剧为正宗体裁也。尔等之文学观，未免囿于西方中心论，未能深究文学之本源焉。观孔和尚之文字，岂不处处皆“文学”哉？世间可有一人能匹敌乎？

中外文豪皆曰：一时代有一时代之文学。以此观之，堂堂中华文学史，至今不过以下十阶段也，曰：诗经楚辞汉赋，唐诗宋词元曲，明清小说，鲁迅杂文，毛泽东政论，孔和尚微博也……

可以试试

⊙ 用户 7168414376

怎样做个安静的高情商女孩？

孔庆东

把《诗经》通读一遍，离这个目标，可能会近一些。

绝

⊙ 情感聚焦翠彤

当你心情特别丧的时候，你会做什么？如何自我调整？

孔庆东

到饭店，坐在大堂中央。

点六菜一汤，两瓶哈啤，三个花卷。

吃饱喝醉结账，哼着小曲走人。

他

⊙ 唯愿有你 880922

人在最无助时想到的第一个人？

孔庆东

想想孔和尚，人生就明亮。

一张纸

⊙ 开心学英语

怎样高效地管理你的时间？

孔庆东

每天在一张纸上写下今天要做的五件事。

至少做三件。

深深敬礼！

⊙ 燃烧的陀螺仪

周末休息日一般都如何利用？

孔庆东

周末休息日啊，
那是孔和尚最忙碌的日期。
你不见那沉甸甸的谷穗上，
还闪着他辛勤的汗滴？
你不见海防战士身上，
他亲手给披的大衣？
他正在未名湖接见粉丝，
他正在钓鱼台出席会议……
辽阔大地，
到处是他深深的足迹。
周末休息日啊，
那是孔和尚最忙碌的日期……

非常重要的一点

⊙ **坏男孩 Lifestyle-**

女生应该怎么自我保护呢?

孔庆东

女生保护自己的方式有很多，许多专家和好人已经从不同角度说过很多了。

我补充一点很重要的:

女生，一定要有正气!

因素

⊙ **思桐大人啊**

该不该原谅当初伤害过自己的人?

孔庆东

这个不能一概而论。

要看伤害的原因、是非、动机、程度，还要看此后的经过以及彼此的现状。

勇于自卑

⊙ 初柳怀莲

颜值低的人到底该不该自卑？现在的社会越来越看脸了，丑的人就该自卑吗？

孔庆东

自卑是正常心态，自己某个方面不如人，就该老老实实承认，不要拐弯抹角掩盖，这样才能轻松前进。

不让人家自卑，不承认实际情况，才是杀人的利器也。

绝妙药方

⊙ 劭蘅_Tulip

怎样度过人生的低潮期？

孔庆东

推荐看看革命样板戏。

样板戏最主要的精华，就是形象地展示了遇到人生低潮期的时候，怎么样克服困难，满怀希望，乐观进取，走向胜利。

早晨

⊙ **青旋宛筠**

什么时候你觉得生活太苦了？有没有那么一段时间你觉得生活艰难，没有任何光亮？

孔庆东

我从来没有觉得自己的生活太苦了。我倒是觉得芸芸众生的生活充满了苦难，特别是每天早晨，看见新浪微博推给我的一大堆一看就是没过脑子的问题，我就觉得许多人的生活中，没有任何光亮。

重大感悟

⊙ **寻桃雁玉**

30 多岁的你有什么人生感悟呢？这个年纪的你对生活都有哪些感悟呢？有没有什么心得能分享？

孔庆东

30 多岁的时候，我已经知道，这个世界不是我能够拯救的。于是我就压缩了拯救的范围。

今天是个好日子

⊙ 逗梗说事儿

感恩老师最好的方式是什么？现在的你还会和以前的老师联系吗？

有人因为一个老师爱上了一门课，有人因为一个老师的鼓励实现了自己梦想，有人因为一个老师成就了现在的自己。即使离开校园多年，很多人仍对老师的教诲铭记于心。今天是教师节，你想对你的老师说些什么？

孔庆东

带着老师殷切的希望，去把少年时代的理想实现。

到那时候我们的思念，还会飞回老师的身边。

你这样试试

⊙ 南笙 73588

怎样才能让自己不内向呢？

孔庆东

抢先说话，抢先做事。

助人为乐，打打闹闹。

要看抄什么

⊙ 梦松元芹

你摘抄过哪些真正触动到你的句子?

我从初中开始就有摘抄的习惯，拿出以前的摘抄本发现不少还能触动我的句子，你有吗?

孔庆东

我们共产党所领导的八路军、新四军，是革命的队伍。

这句话有什么触动心灵的地方吗?

如果懂了这个，你就不会再抄那些垃圾鸡汤了。

这真愚蠢

⊙ 老姣姣

怎样才能忘掉自己做过的蠢事？

孔庆东

这种想法，是最大的愚蠢。

做过蠢事，必须一辈子牢牢记住，怎么还要企图忘掉!

贵人语迟

⊙ **墨西 ss**

请问说话时为什么我不能正常思考呢？

孔庆东

这个是需要训练，也可以训练的。

动物不会说话，所以能够按照它们那个水平去正常思考。

人本来思考的水平就高，会说话之后，进一步促进了思考。

但是一边说话一边思考，往往就会造成难以兼顾。

怎么训练呢？你要有意识地养成先思考后发言的习惯，就是想清楚了再说话。

这就是贵人语迟的奥秘。

不要跟人争言抢话，在语言问题上要让别人一筹。那种一边说一边想的情况，其实也挺烦人的。

省出精力来多思考，才能不说则已，一说就很到位。

你试试吧。

怎样交朋友?

⊙ **静水深流飞哥**

孔老师，因为藏天朔的去世，他的代表作《朋友》又被传唱起来。上学时，我也常哼哼这首歌，不过当时不知道是他唱的，请你评价一下这首歌？有人说他因为涉黑蹲过监狱，不是个好人，我看演艺界好多人和他玩得很好，他为人如何呢？俺关键想问的是如何交朋友，处朋友？不说像你一样三教九流的朋友遍天下，有三五个朋友就可以了。向老师汇报一下，俺最近改行做水电工了。

孔庆东

飞哥你好！

首先，我看你做水电工比较合适，因为你说话比较畅通，而水电都是需要畅通的。

其次，你把臧天朔的姓给打错了，一藏起来就不够畅通啦。

再次，一个人好不好，跟他有没有坐过监狱没关系。刘少奇和江姐都坐过监狱，你能根据这个判断他们的人品吗？

最后，你关键要问的是如何交朋友。这要看你怎样理解“朋友”。臧天朔歌里唱的那种朋友，是非常高品位、高境界的朋友。而现实生活中，很多人把普通熟人都叫作朋友。我们心里不要被这个名目搞糊涂，要清楚你接触到的各种熟人，可以交往到什么层次。

要交朋友，首先就要吃亏，也就是要奉献自己，帮助别人。当你真心实意帮助了十个人，总会交到一两个朋友的。当你帮助了上百的人，交到三五个朋友应该不成问题。

当然也不要太贪心了，因为总有一些人会恩将仇报。帮助人也要量力而行。孔老师看上去朋友遍天下，其实真正能够为俺挺身而出两肋插刀的，我还真不敢确定能有几人呢。

其实不难也

⊙ 梦里骑个小毛驴

当今世界风起云涌，当今中国江激海荡。一个已到而立之年的无稳定职业的未婚工科男，应该如何选择自己的职业和事业，才能让自己对社会进步有点用处，并且过上像您一样的既有意义又有意思的生活？

孔庆东

感谢你对我的表扬——或者是恭维。对于一般的恭维，我可能会敬谢不敏，但是你说我的生活既有意义又有意思，这倒是符合实际的，否则我就无法回答你的这个提问了。

在我看来，所谓活得有意义，那是一种客观价值，而所谓活得有意思，那是一种主观价值。也就是说，一个人活得有没有意义，是要由众多的其他人来评价的，而活得有没有意思，则如鱼饮水，冷暖自知。

打个比方，雷锋整天助人，做好事无数，在他人看来，这是非常具有意义的人生，因此媒体报道，上级表扬。而雷锋自己呢，也以此为乐，从中感到无比的幸福，这就是活得很有意思。

可见，人要活得既有意义又有意思，其实也并不难，只不过意义和意思有大有小而已。意义不一定非要达到救国救民、解放全人类，意思也不一定达到乐不可支，欣喜若狂。

拿你来说，大学已然毕业，认识到世界风起云涌，希望自己对社会进步有点用处，又能向我提出这样的严肃问题，这不就是已经具备了有意义和有意思两个因素吗？

所以你不妨选择一个接近自己的专业、接近自己的爱好和特长的工作，先不必考虑稳定不稳定，因为是否稳定，与你个人的表现和发挥有关。日本人觉得工作稳定有意思，美国人觉得经常跳槽有意思，我们中国人则可能认为，只要做出了被社会认可的贡献，就是有意思的。

当然，我们不要把生活想得过于圆满，过于美好，一个人即使做到了活得既有意义又有意思，也仍然不可避免地会遇到很多生活中的烦恼，痛苦。**直面这些烦恼，痛苦，认真而智慧地解决它们，本身也是一种意义，本身也充满了意思啊！**

整死

⊙ 老家头

当自己的错误被明确指出，你会如何应对？很多人都有类似的危机经历，你一般会怎样回应呢？

孔庆东

孔和尚被“明确指出”的错误，大部分都指错了，少部分被指对了。

人家说对了，就感谢并改正。

人家说错了，要区分性质是善意的还是恶意的。前者可以宽容，后者要坚决往死里整！

不尊重别人的人

⊙ **裤腰笑松了**

你对爱发语音的朋友会很崩溃吗？特别是听到一半，却不小心点退出又得重新来听一遍，你这个时候会很崩溃吗？

孔庆东

爱发语音的人，往往不懂得珍惜别人的时间。他自己省事了，却不管别人要浪费多少时间听他的废话。

非常有良心的问题！

⊙ **喵酱三三阿啦啦**

怎么看待设立动物园与动物保护？

孔老师，今天随众跑去看了马戏表演，没做功课，傻傻以为是（人的）杂耍。看到了好多动物的表演，心里不是滋味，回去查了有关动物表演的资料，负罪感深重。联想到自己白天去看动物园，感觉性质都差不多，都在剥夺动物的自由和生活，可能还助长了虐待动物的风气。回宾馆后，心里越想越难过。已经不能形成正确对待动物园的三观了……想问问您对这些事情的看法，期待您的解答。

孔庆东

你提了一个非常有良心的问题。

这也是人类的一个难题。

建议你可以阅读一下我的《动物园》以及其他与动物相关的文章。这里，只能简单跟你交流几句。

人，本来也是动物之一，后来成了动物界老大，但仍然还是动物之一。麻烦就在这里，这就使人经常自我纠结。

人之所以为人，是一方面保持动物性，另一方面超越动物性。完全保持动物性，那就是畜生和禽兽。完全超越动物性，那就是神仙。二者都是不现实的。

所以现实中的人，要吃掉一部分动物，奴役一部分动物，玩耍一部分动物，豢养一部分动物，保护一部分动物，消灭一部分动物，躲避一部分动物……

其实，人与人之间，不也是这样吗？

所以鲁迅先生无限悲惋地说，我们“难见真的人”，因为我们都“吃过人”。

人训练动物表演，是为了让自己开心，同时还可以赚钱。有些动物被训练的时候，没有多少痛苦。但另外一些，可能就会遭受折磨。在这里，就考验了人的道德底线。

而我们能够训练的动物，大部分是哺乳类——人类的近亲。这就是你痛苦的原因。

儒家讲仁爱，要推及禽兽。理想的大同世界，应该是百兽率舞，用毛主席的话说，是万类霜天竞自由。

所以，文明的更高级的标准，不只是要看我们如何对待人，还要看我们如何对待动物。

有些人什么动物也不爱，不论这些人有多少优点，我都敬而远之。

你再想一想孔子说的“君子远庖厨”，这话里包含了多少人类的良知和无奈！

[?] 马克思主义与腰

⊙ 微雪的清晨

孔老师：您好！首先祝孔老师生日快乐！我是西南地区某财经大学的马克思主义政治经济学的博二女生。问题出在我自己身上，我自己的思维水平不高，仅仅读过一点点马克思、恩格斯、毛泽东的原著，读了之后也没有悟出太多道理，这或许和我不怎么热爱劳动人民，不能从内心深处同情被压迫者有关吧。由于我自己的理论水平不高，写不出深刻的文章，而现在又面临着发论文的压力，导师便让我写些和科技前沿（比如AI）相关的浅显文章。这样做虽有利于毕业，但却不利于专业的长远发展。您也说过，人年龄大了，智力就固结了，再想有发展就困难了。而且在中国今天研究生数量大幅增长的情况下，没有真才实学，就一辈子只能做些假学问欺世盗名，或者沦为附庸。所以，我应该怎样完成学业呢？怎么像您一样，把专业学术和生命结合在一起，成为一个真学者呢？另外，再问一个小问题哈，我的腰不是很好，长期读书写文章腰和颈就会痛，西南地区又不容易见太阳，所以我还想问问怎样保养身体，毕竟身体是支持学术的本钱。谢谢孔老师了！

孔庆东

哈，马克思主义与腰，很前沿的学术问题哦。

首先，你知道自己理论水平不高，写不出深刻的文章，这很诚实，要知道天下大多数博士都如此，都属于考试博士、混事博士，其中很多人还真以为自己是博士了，其实不过是“踱士”。

其次，你还知道自己对劳动人民缺乏感情，这也非常诚实，具有可贵的自我反省精神。但是你想想，你不是劳动者吗？劳动的概念是发展的，读了博士就不是劳动人民啦？你还考虑同情别人，你自己不也需要同情吗？

老师让你写浅显文章，我认为没有什么问题，这与今后的长远发展并无冲突。谁也不可能一下子成熟深刻起来，从浅显的工作入手，应该是常态。经过浅显，渐次深刻，是一条很正常的路啊。

至于要成为真学者，这不在于写什么样的文章。你看孔老师，既可以写深刻的，也经常写浅显的啊。把学术与生命结合在一起，关键是有一颗仁义之心，有一颗孔孟老庄之心。你现在面临的俗务就是拿下博士学位，那就按照人家的要求去拿下就是了，不要以高大上的理由去放弃做好眼前的俗事。

最后说到保养身体。我认为中老年才需要保养为主，年轻人应该锻炼为主。腰颈疼痛是知识分子常见病，正是缺乏锻炼导致的。你每天做两遍体操，不是什么难事吧？现在的人都热衷于什么瑜伽和健美之类，我看最实用的，就是毛主席时代的那些广播体操，科学、简单、方便、实效。你做做操、跑跑步，出点汗、受点累，不但身体会好，精神状态也会日渐阳光起来的！

告诉你四条

⊙ 枕边少女爱丽丝

一个女生怎样才算见过世面？

不知道大家有没有发现身边有一种女人举止谈吐之间，都有着令男人羡慕的潇洒，由内而外散发着一种英姿飒爽。这样的女人通常给人感觉是见过世面。她们身上都有什么特质呢？

孔庆东

挨过骗。

失过恋。

放过电。

犯过贱。

[?] 请看孔和尚

⊙ 访琴书芹

有什么没有回报的付出是你愿意做的？ 就你的生活经历来看，有没有这样的事情呢？

孔庆东

不是愿意不愿意，而是有没有实际去做。

孔和尚每天都在做的：

横眉冷对千夫指，

俯首甘为孺子牛。

老爱是“脑残”

⊙ 6124101101_512

什么样的人可以被称为天才？你觉得真正的天才应该是什么样的？

孔庆东

我学龄前跟大人一起打牌，很快就能推断出大王、小猫等重要的牌在谁的手里。大人们都很惊诧，他们不明白我是如何判断出来的，于是都说：“这孩子真是天才啊！简直成了精啦！”

其实现在看，这不是很简单的雕虫小技吗？

跟众人差距非常大，比众人高明许多倍，而众人无法理解的，就是众人眼中的天才。

你提问的配图[1]中的爱因斯坦，换某种角度、在某种高人看来，不过是愚蠢的“脑残”！

硬骨头的老师

⊙ 用户 5712697122

怎么激励高职的学生努力学习？

真心发现高职的学生都比较善良，他们只是不知道为什么学习而已，因此成绩才低的，他们是非常可爱的学生。我用毛主席的造反有理方法，激励他们要多多占领教育资源和生活资源，否则可能会一辈子受压迫。这种方法相对比较有效，激励

1 指原新浪微博中网友提问该问题时所配爱因斯坦图片。

出很大一部分学生开始学习了。我的问题是，这种方法继续使用能好吗？如果好用，在使用的过程当中我要注意些什么？害怕我控制不好，指导不好出现大问题。

孔庆东

非常赞成你的教学方法。

这种方法不但好用，而且饱含着阶级感情。

当然，任何一种好的方法，都不能单独长期使用。

当孩子们的积极性被调动起来之后，还应该让他们认识到自己的具体的弱项，同时也认识到那些名牌大学的学生们的弱项。这样，他们才能够清晰地判断出自己的位置，从现实可能性上，谋划自己的人生。

另外还可以告诉孩子们，鲁迅其实也是高职生毕业的，鲁迅就是你们的大学长。要以鲁迅为榜样，做人生的硬骨头，做中华民族的硬骨头！

90分的问题！

⊙ anning388

父母一定要努力让孩子成为精英吗？

孔老师：您好！我是两个小孩的母亲。老大今年初三，每天看着班级微信群，觉得现在孩子们早六起晚十一眠，书读得真的很辛苦，刷题、培优、考重点，为啥呢？因为家长们渴望自己的孩子成为精英。在当下，精英这个身份与收入、地位、社保、医保等有关，进而与买房、婚姻、养老有关，与社会阶层和各种生存质量有关。大家都在抢占资源，都不愿成为一个普普通通的劳动者。如果有一天，做一个厨师、收银员、技术工人也能过得很有尊严、很体面，平等地享有各种社会福利，活得不那么辛苦，大家还会挤破头地非要孩子去做精英吗？

孔庆东

您这个提问的质量非常高，我给您打 90 分。

第一，您的问题来自现实生活。第二，您的问题带有普遍性。第三，您提问之前，先经过了自己的一定的思考，不是遇到疑难，张口就问。第四，您对问题已经有了比较正确的判断路径。

确实如您所云，现在的学生们太辛苦了。他们为什么辛苦，是为了当精英。但这里的精英，不是为人民服务的模范，而是占有更多资源的“人上人”，为此从小就要竞争。倘若不论做什么工作，都有尊严，同时也有足够的生活资源，当然就不必这般辛苦。

那么怎么办呢？

如果孩子有上进的素质，就教育他不怕苦，把学习当成乐趣，就像孔老师这样。如果没有上进的素质，那就全家保持平常心，当一个普通百姓。

风水轮流转，毛主席说“风物长宜放眼量”。所以总体上不必忧虑，乐乐呵呵地批判社会，乐乐呵呵地刷题应试，人生就自然是充实的啦！

干部与读书

⊙ **柳政瑞太棒了**

孔老师，您有什么关于干部使用方面的书推荐给我？您对当前如何选拔干部，应选拔什么样的干部有何高见？

孔庆东

你说的干部使用，其实就是用人。这方面的书，非常多。一部中华文明史，如何用人的材料非常多也。

但既然你专门作为一个问题提了出来，可能说明你现在急于获得一些启发和收益，我如果让你从二十四史读起，那属于远水解不了近渴，你心里该骂我了。

但是尽管如此，我仍然不推荐你去读那些最近几十年的各路专家写的管理学著作。那些书大多数是扯犊子，少数有道理的，也是从古书化出来的，因此不如直接去读古书和其他现代经典。

我推荐给你三本古今文学作品吧。

一是《三国演义》，二是《水浒传》，三是《子夜》。

这几本书，都可以非常直观地启发我们如何识人用人，特别是有力地证明了毛主席说的，政治路线确定之后，干部就是决定的因素。

因此，我们从领导层开始，都应当好好读书，读一读孔老师开列的经典。如果有时间，加入孔老师的这个世界上最优秀的读书群，那么中华民族伟大复兴指日可待矣！

[?] 不动心

⊙ 轻舞飞扬 205

一个人孤独地在异地漂泊，遇到了挫折，你心里的感受是什么？

孔庆东

异地漂泊，必有挫折，内心欢喜，阿弥陀佛！

[?] 八大苦难

⊙ 依瑶涵菱

你在生活中都经历过哪些苦难？

孔庆东

饥饿——忍着。

寒冷——跑步。

疲劳——休息。

生病——看书。

失恋——吃喝。

陷害——蔑视。

压迫——反抗。

死亡的威胁——

死就死，老子早死早成佛！

继续干

⊙ 乐荷代亦

你人生中最难挨的日子是什么？你是怎么度过的？

孔庆东

牙疼的那几次，痛不欲生，没有任何办法缓解。

我就想着，这是敌人对我进行严刑拷打，老子就是不招，疼死拉倒！

最后居然没有死，那好，老子继续干革命！

谁安排的

⊙ Amethyst 李阿成

在你的人生中什么让你最感激？

孔庆东

我从小到大，一路都遇见了好老师。

最让我感激的，就是这些老师。

顺便也感激一下，那个安排我遇见这么多好老师的老天爷（也许是老天奶奶）。

这才是最

⊙ 巨匠本色

在你心中，最浪漫的事是什么？

孔庆东

浪漫的事有很多。

最浪漫的事，一定是非常艰难的，气势磅礴的，包含着流血牺牲的。

我心中最浪漫的事，就是以各种方式，为人类的解放而斗争。

独处

⊙ 沛岚雨珍

越长大越不想和人交往，该怎么办呢？

孔庆东

人在交往外界和独守内心之间，多少是有些偏重的，外向点或者内向点，都是正常的。你不想跟外界交往，那就少交往，但是也要想清楚，你的交往能力锻炼到位了吗？起码的工作交往，办事购物的交往，你的水平如何？正如你不喜欢爬楼，但爬楼的本事必须拥有啊。

有一种高人，他们也不喜欢与人交往，但是他们恰恰每天穿梭于各种社交活动中。

比如特朗普，世人都以为他非常喜欢热闹，非常喜欢折腾，但孔和尚认为：

这孩子肯定有自闭症。当他一个人独处的时候，他是非常痛苦的。

端午快乐！

⊙ **撒哈拉里没雨季 m**

生活实际上意味着什么？

孔庆东

虽然你提了一个傻问题，但是看在大端午的，孔和尚仍然转赠你一首生活的诗：

生活是多么广阔

何其芳

生活是多么广阔，
生活是海洋。
凡是有生活的地方就有快乐和宝藏。
去参加歌咏队，去演戏，
去建设铁路，去做飞行师，
去坐在实验室里，去写诗，
去高山上滑雪，
去驾一只船颠簸在波涛上，
去北极探险，去热带搜集植物，

去带一个帐篷在星光下露宿。

去过极寻常的日子，

去在平凡的事物中睁大你的眼睛，

去以自己的火点燃旁人的火，

去以心发现心。

生活是多么广阔。

生活又是多么芬芳。

凡是有生活的地方就有快乐和宝藏。

好像不对

⊙ 青梦曼容

在生活很枯燥的时候，你是如何把生活变得有趣的呢？

孔庆东

生活本来就是有趣的，不需要变得有趣。

关键在于，你能否感觉到，能否看出来。

大概三条路

⊙ 我很好 010

人生真的不如意，该怎么办呢？

孔庆东

要么忍受。

要么逃跑。

要么斗争。

妙招

⊙ 执 --- 终 -WL

怎么去懂一个人?

孔庆东

写日记。

怎样切换

⊙ 李雪莲在拉萨

尊敬的孔老师，您好！我个人爱看科幻作品，也爱看孔门作品。思想上常常在“人类作死，这个世界终归要灭亡”和“这个国家社会我们每个人要努力让它变好”之间切换。仿佛觉得哪里不对，又不知问题出在何处。还请老师示下。

孔庆东

切换，是人生中经常要做的事情，这完全是正常的和普遍的。

切换本身没有对不对，但是有好的切换和不好的切换，高级的切换和笨拙的切换。

比如你的第一种想法，这是很多人都有的。不过我把它理解为一个假设复句，即“人类如果继续这么作死下去，那么世界终归要灭亡”。

这样，就会很自然地切换到你的第二种想法。如果我们不希望世界灭亡，应该怎么办呢？那就是“我们每个人要努力让它变好”呗。

有第二种想法的人可能不如有第一种想法的人多，但是数量也很巨大。这两种想法合起来，支撑着人类社会战胜艰难险阻，不断前进。

其实，鲁迅就是告诉我们第一种想法的人。如果我们都是阿Q祥林嫂孔乙己假洋鬼子，这个世界就完了。

但是毛主席帮我们切换到另外一个频道，我们中涌现出大量的雷锋王进喜陈永贵焦裕禄，于是我们的天地就光明起来了。

光明起来了，就不会再产生阿Q阿义康大叔了吗？

所以，我们可能还是免不了要切换哦！

三种气

⊙ **傲珊雪珍**

书读得多的人都自带哪些气质？ 为什么读书多的人都会自带一种气质？

孔庆东

第一是呆气。

第二是傲气。

第三是暮气。

超越这三“气”，才算真正的读书人。

[?] 听着难受

⊙ 全民 24 小时

你会不会在陪着父母的时候玩手机?

孔庆东

“陪着父母”这种说法，本身就是没有人性的。

一家人不需要谁陪谁，家人之间的亲情，使大家自然地快快乐乐地在一起，中间谁接个电话看个手机都是正常的。

一刀断舌

如何是佛？一刀断舌

⊙ 东博唐小僧

老师好！学生最近翻看《五灯会元》，对于其中的许多禅机对话，感觉摸不着头脑，反复琢磨之后，也还是不解其意。其实与书中内容类似的话，您在与网友的互动交流中也多次说过，例如“吃饭睡觉就是佛”。有时候俺以为自己理解了，过一阵又觉得糊涂了。想起您曾经讲过的许多道理，例如“语言是无法到达彼岸的，真理在语言之外”，“能指与所指往往不是简单的线性关系”，“我们既要咬文嚼字，又要看破语言、超越语言”，等等。这些道理，学生不敢说完全明白，但也知道，若仅从字面上去理解，可能无论如何苦思冥想，也无法探求到佛的真意。学生实在愚笨得很，脑子里想着上述道理，在读到许多文字时，却还是感到强自揣度，深有隔膜，更不能悟深悟透。这种情况不仅限于读《五灯会元》，有时读《金刚经》《心经》以及其他一些“硬书”，都有类似的感觉。想请教老师，该如何提高自己的理解力和悟性。谢谢老师！祝老师吉祥安康！

孔庆东

佛教哲学，是迄今为止，人类非常伟大而高深的哲学。

可惜俗众都把佛教仅当作一种“宗教”去盲目迷信，在某些骗子的误导下，甚至当作和其他邪教一般，拿来自欺欺人。这里面除历代统治者的歪曲利用之外，跟民众普遍的不觉悟是有着密切联系的。

就你所提的问题来看，其实答案就已经在你的叙述中了。但是对于这些可以成为答案的文字，还要“看破”“看空”。

对于你这个等级的学子来说，首先，不要直接追求禅宗大师的境界，平时学习工作，还可以认真执着，但关键在于：心里知道自己是执着的，知道自己是有障的。**自知不自知，关系重大也**。如果没有对自己的审视和随时准备否定自我的精神，那就不可能具有悟性。

其次，要将生活与文字相对照。要知道没有文字，人类便也这么过，而且未必过得就不好。那么既然有了文字，如何取其好处，去其糟粕，这就要直接杀入生活本身。例如大师告诉你说“女人是老虎，万万不可近”，你偏不听他的文字咒语，心中生出一片洪钟大吕：“老子偏要娶媳妇！”但是进到这一层之后，又要返回去，弄明白大师为什么说女人是老虎。如此，那些高深的哲理就不会成为“口头禅”。

各种事业，最大的危害之一就是口头禅，就是把漂亮的文字摆在眼前，挡住真实的生活。

又好比咱们坐车回家，进了家，就不要再惦记那个车了，没有车，咱也一样回家。什么圣母院，烧了就烧了，没泪硬挤没有必要。

但是倘若没烧，咱也不能故意破坏，还是要认真欣赏，认真保护，只是不要相信里面住着艾斯美拉达就行了。

我说的这些道理，其实还是《五灯会元》的那一套，你一旦明白了，就可以呵呵一笑：什么孔老师！老子用不着你啦。那时节，才是真正的“尊师重教”。

但倘若只是鹦鹉学舌，以为伸出长舌，嬉皮笑脸地嚷一句“什么孔老师”，就算是得道了，那么孔老师嗖地一刀子，便割了他的狗舌子也。

杀佛杀鬼

⊙ 到底让换昵称吗

孔老师您好！您对唐小僧关于佛家和悟性问题的回答，和实践论有着什么样的关系呢？

孔庆东

哈，我可讨厌你们这些“资深孔迷”了！不提问则已，一提问就贼难，不使劲盘剥孔老师大脑里这点小鲜肉就不过瘾。我要是不认真回答吧，又怕你们线下说我坏话，说“孔和尚这回栽了跟头，不敢和个老头儿动手；那个老头子一脚能踢死个牛”。

前些天唐小僧的提问，是由禅宗的不立文字引发的，我已经用《五灯会元》的套路，给他灌了个二次元的顶。你能够万里迢迢想到实践论，真是不简单，夸你一句，确实有“立地成佛”

的上佳素养。

你既然顿悟到这事儿跟实践论有关，那么我就不必重复毛主席的《实践论》的基本观点了，咱们直接往心窝子上戳。

人和动物都有实践，但人为什么能够战胜动物呢？因为人实践之后上升成了理论，再用理论去指导实践。动物只是依靠本能，积累了很多直觉反应，但没有总结出定理和公式，所以只能在个别情况下战胜人。

然而麻烦就在于人越来越依靠理论生存，越来越丧失动物的本能。理论是可以自我繁殖的，理论可能是错误的，更大的麻烦是动物里没有专门危害同类的，而人类则有。所以人类发明的许多理论是属于“互害模式”的。

禅宗认识到了这一点，就号召人们不要相信语言文字，要恢复动物的直觉，其实也就是回到纯粹的实践。猫是没有三文鱼金枪鱼这些概念的，所以你拿这些概念根本骗不了猫，猫就是一个纯粹的目标：我要吃它！这就是“不立文字，直指人心”。

然而真正理解禅宗，又要把这一套也抛掉。就像你们这些真正的孔迷，不是整天捧着孔和尚战战兢兢啥也不敢说，反而要调皮捣蛋折腾折腾孔和尚。真正的和尚一定是像鲁智深那样，敢于醉打山门，敢于“不敬佛祖”。

而追根溯源，禅宗思想的根源，在儒家道家那里早就埋伏下了，在《易经》里早就埋伏下了。所以中国人一方面最会写文章，另一方面又是可以不相信文字的。而毛主席掌握了马列主义之后，顿悟到这本来就是中国思维，所以他的实践论、矛盾论，是把穿着马列外衣的中国哲学，又请了回来，完成了否定之否定的中国化。

所以我们看毛主席说话，有时候大义凛然，像儒家；有时候嬉笑怒骂，像道家；有时候莫名其妙，天上一句地下一句，这就是禅宗。毛主席是恐怕咱们学了理论之后，又上了理论骗子的当。孔和尚也不过是学了点毛主席的皮毛，见佛杀佛，见鬼杀鬼而已。

文化水平不高的时候，要好好学习，认真读书，不要玩禅宗。等有了一定的文化水平之后，又要看破那些，在更高的层次上做一个喵星人。这就是毛主席说的：实践、认识，再实践、再认识，循环往复，以至无穷。

想一想，这是多么美妙的境界啊！

佛

⊙ 他她它情感故事

你身边有那种越是善良越容易被欺负的人吗？

孔庆东

善人是佛。

被欺就是施舍。

遇见吸毒的影星怎么办？

⊙ 真金岂怕火炼

孔老师好！毛主席讲革命者要走与工农兵相结合的道路，

孔醉侠讲一个人要想练就北冥神功就要与社会上的三教九流交朋友，然而三教九流中的人既有缺点又有不良嗜好，在与正派人士交往过程中，让自己变俗是不是要有一个底线，不变俗能不能也可以达到相结合的目的？如何做到既能够达到毛主席所说的相结合的目的，又不至于使自己沾染不良嗜好？在与邪派人士相处过程中如何做到虽未交心交肺，但也能够运用北冥神功的功力把对方的长处吸过来？

孔庆东

你很会提问，问题明确，层次清晰。这样既便于对方回答，也便于呈现自己的问题。

首先，革命者也就是“有革命思想、准备革命或正在参与革命工作的人”。这样的人，就相当于孔孟之道里面讲的想成为君子或者圣贤的人，但是你还不是君子或圣贤。即使已经做出了一些成绩，获得了一些赞誉，自己主观上仍然不应该有任何道德上的优越感。你不但道德上不一定比普通人强，工作能力上也肯定存在种种短腿和缺陷。所以你才应该在读书学习和继续实践之外，主动与三教九流打成一片。

明白了这个道理，就不会自居为雅，而把别人看作是俗。即使你真的很“高雅”，比如不吃葱姜蒜，只听交响乐啥的，那也不是什么固定的优点。你正应该通过与广大民众的交往，让自己变俗。只有这样，你才接近了真正的高雅。

你的另外一层意思是，三教九流中确实有坏人，普通民众身上也有缺点，我们怎样不受沾染，怎样洁身自爱。你首先要搞清楚什么是坏人，什么是缺点，在搞清楚的过程中，你的精神主体自然会变得很强大，主体强大了，就不会同流合污了。

比如一个人辱骂毛主席，这个人不一定就是坏人。你如果与之交往，就要了解观察，他是思想认识问题，还是道德人品问题。你可以反驳他的谬论，但不要全盘否定他的人品。一个吸毒的影星，也可能生活中待人处事非常仁义。你学的是他的仁义，而不能跟着他吸毒。你分清了什么是不能被拐带的，什么是可以劝诫和启蒙的，就不会胡子眉毛一把抓了。

其实不论与什么人交往，都是在跟自己对话。每交往一个人，就等于读一本书或一张报，交往的多了，就等于博学。荀子说："君子博学而日参省乎己，则知明而行无过矣。"记得这句《劝学篇》里面的话吧？

杨白劳有几条路？

⊙ 暖暖冬阳 forever

孔老师您好，有个问题困扰我好久。我觉得我是一个容易冲动的人，不大善于管理自己的情绪，虽然表面上看着很温和。很多时候我搞不清具有反抗精神和容易冲动的区别。比如杨白劳在还能活下去的时候杀了黄世仁跟活不下去时杀了黄世仁，两者是一样的吗？也许对于观众来说差不多。但对于杨白劳来说，两种情况下只要杀了黄世仁他都要丢掉性命，而前者他如果忍一忍的话还能活。又比如在研究生毕业期间受到了老师的刁难，很气愤，这个时候把老师打了一顿或者和老师同归于尽，是反抗还是冲动呢？那和老师据理力争呢？分辨的界限是什么呢？再比如当年毛主席走上革命的道路，在当时对他的亲朋来说会是冲动吗？我觉得脑子很混乱，有些理不清，不知道怎么样才是对的，或者说不知道什么是对，经常陷入“公说公有理、婆说婆有理”的困局中。希望孔老师能指点迷津。

孔庆东

你的头脑确实有些混乱，贫僧来帮你理上一理。

首先，你把反抗精神与容易冲动对立起来，这就是头脑混乱的明证。这二者不是对立的概念。就好比会开车与醉驾，涉及两个范畴内的不同阈值。按照你的狭隘理解，反抗就要冲动，不冲动就不反抗，你这种荒谬的思想，导致你不能妥善处理现实矛盾，结果就是一方面被人欺压，另一方面又苦闷无处发泄。

你既然举了毛主席的例子，那么你想想，毛主席有没有反抗精神？这一点好像没有人超过他老人家吧？毛主席是最具有反抗精神的。他老人家冲动吗？一部党史告诉我们，毛主席是最不冲动的。反抗就好比打仗，但毛主席是“不打无准备之仗，不打无把握之仗”。所以他是最伟大的军事家也。

话说到这里，你应该明白大半了。杨白劳要反抗，不一定直接杀死黄世仁。就没有办法让黄世仁一家集体中毒吗？就没有办法让黄世仁被穆仁智杀死吗？就没有办法让八路军枪毙黄世仁吗？

忍耐，有时候也是反抗系统中的一步棋，不等于就永远不反抗了。你可以读几本革命题材的作品，一定会受到极大的关于如何反抗的教益。

如果你大体上明白了我讲的道理，那么从现在开始，就冷静下来，先反抗自己的糊涂思想，把自己的脑袋打理清楚了，慢慢就知道怎样应对这个时代了。

人生的目的，在声东击西之外

⊙ **点头茉莉**

孔老师，您好！深夜听收音机，里面主持人正在讲PUA，即骗爱心理陷阱。里面有段关于撕毁契约的描述听了一下，就是在恋爱对象对你不离不弃的情况下，无限地放大你的错误，使你感到崩溃进而做出疯狂的行为。这被西方称为猎艳术。我知道在很多情况下，人在处于某种情况的驱使下，会故意做出类似猎艳术中的撕毁契约的事情，为了达到某种目的，比如像对抑郁病人为了情景再现，像让失去手臂的残障人士能够重新振作，用意出发点是好的，也有不一样的带有一些阶级色彩的。在这里我以一名年轻读者身份，想不带有感情色彩地问孔老师：您从长辈对待晚辈的角度来帮我们定性，到底该怎样去看待和面对人生中每每会遇到的这些“目的”和无法言说的“处境”？如果我们自己有一天也会为了某种目的而活，您寄予我们什么？

孔庆东

你思考的问题比较复杂，也比较有深度。但是在表达上还要练习，一是准确使用公认的概念，不要随意用词，二是注意句子的简洁明快。比如你这一篇提问，估计除身怀绝技的孔老师之外，世界上还能读懂的恐怕不超过十个人。当然啦，这也可以算是你的一项特异功能噢。

其实你所提问的事情，不一定要从你听收音机开始说，你是说一个事儿就转到下一个事儿，熊瞎子掰苞米，最后剩下的就是最后那一句而已。你实际要问的就是，人们为了某种目的所做的事情，不一定合乎事实，有时候是声东击西，应该怎么看，对吧？

其实你既然已经看清了现象，就已经应该能够理解了。狼要吃羊，非要说羊把河水弄脏了。羊如果明白这个道理，就没有必要跟狼争论，自己有没有把河水弄脏。小李爱上了小刘，经常请小刘帮其做题，小刘也没有必要追问：你到底是不是爱上了我？

回到你的表达上，人也不是为了什么目的而活着，那是假问题。人活着首先是一个事实，谁也没跟你商量，你就来到世界上了，一天天就这么活下来了。既然活着了，尽量活得好一点就是了。接下来就是什么叫“活得好”，这一点，你大约在劝学群里面已经理解得段位不低了。大家都在按照自己理解的好，去活着呢。这时候再无中生有提出“为了某种目的而活”，就属于庸人自扰了，用东北话说，闲得刺挠了。

最后再提醒你一下，你的表达病句不少，要逐一检查，每句话的主谓宾都是什么，对自己使用的每一个词，都要问自己：这说的是啥玩意儿啊？

[?] 肘子问题

⊙ 有天堂

孔老师好，没出正月还在年里，给您拜年了。请教一个如何修炼定力的问题。优秀的人大都有很好的定力，能够集中注意力把事情做好。“学霸”在学习、考试的时候，企业家在进行激烈的商贸谈判之时，老师在开讲座、发言的时候，都是有着强大的定力支撑，从而能发挥出高超的水平。而另一些人，水平一般，思想在一天之中基本是散乱的。我有一个朋友就是这样，他还身有暗病，常常被这病痛牵引，注意力就更难集中。可他偏还不服气、不认命，想要折腾点事，想要做一个真正的人。所以，来请教孔老师一个佛法中关于在日常生活工作中修炼定力的具体方法。

孔庆东

我们做一件事，如果老想着目标，往往反而不容易做好这件事，你同意吧？

比如考试时老想着考上北大，结果就考不上。

定力也是这样，脑子里老想着定力定力，这其实正是捣乱之力也。

你说的那些具有定力之人，可能恰恰就是不怎么去想定力的人。

增强定力有很多方法，第一就是不要胡思乱想，特别是不要想“定力”。

你提到佛法，我就用佛法来说，减少贪嗔痴，便可有定力。

不要有太多欲望。你看小孩子打游戏，非常有定力，家长拿美食都勾引不动他，为什么？因为他此时对美食没有贪欲。

而孔和尚吃肘子，你拿美女也不能勾引他，为什么？因为他对美女没有贪欲，定力都集中在肘子上哩。

你所谓的思想散乱，其实是欲望散乱。**寡欲，满足于一切现状，不怨不怒，人就进入一种非常舒服的状态，这时候就可以集中优势兵力，全歼你生命中的肘子啦。**

孔氏闭关法

⊙ **长期感情指南**

三十岁的人该怎样规划自己的人生？三十岁了还没找到人生目标，工作一直不顺，应该怎样做接下来的规划？

孔庆东

准备一张白纸，一支笔，用两个小时，切断与外界的一切联系，闭关思考。

第一个小时，面对白纸，反思有生以来种种，任思绪起伏，不说话，不写字。

第二个小时，对自己说点什么，渐渐就有了目标和规划，写到纸上，结束。

一刻钟

⊙ **aa 女人是水**

什么样的人生才算完美呢？

孔庆东

傻孩子，像孔和尚这样的人生，就是完美的呀！

好好想一刻钟，就明白啦。

佛告诉你

⊙ 吴邪爱说谎

如何放下对一个人的执念？

孔庆东

佛说：

任何一个你无比爱恋的人，其实也不过是——

带肉的骷髅。

上上大吉！

⊙ 念芹靖巧

感觉自己前途渺茫，怎么办？最近内心很惶恐，觉得前方一片迷茫，怎么破？

孔庆东

那多么好啊！那就完全没有人生压力啦！

反正前途一片渺茫，那么偶然取得任何一点成就，都是可喜可贺的噢！

反观孔和尚，前途一片光明，所以出现任何一点阴霾，都会惹来一片谩骂，多么悲催哦！哈哈！

五点

⊙ **安琪东方女神**

人在心里烦躁不安的时候，该怎么办？

孔庆东

吃点好的。

喝点好的。

听点好的。

看点好的。

想点好的。

完了呢？

⊙ **采白芷巧**

自己总是多愁善感怎么办？

孔庆东

多愁善感是优点。

愁完了不干活，才是缺点。

[?] 类型

⊙ **火箭视频**

人注定是孤独的吗？

孔庆东

老虎才是孤独的。

狮子和狼，都是成群结队的。

[?] 谁说“学渣”不能救国？

⊙ **长空雁叫霜晨月 47**

孔老师好！我是个“学渣”，差四分没考上本县的高中……也不能复读。可以上别的差很多很多的学校，虽然能考大学，但那些同学都是混混，我尽管品质也不算好，但也不想和他们在一起。我曾立志考北大，但上北大的目的是救国救民；自学的话，我会再报上您的人民研究生，相信也能救国救民。老师，我该怎么办呢？明天就要报志愿了，学生盼望您点拨。

孔庆东

这个事情要分为不同的部分来看待。

第一，你要当个好人，立志救国救民，这是大多数人读书八十年也读不出来的境界。你能够有此一念，就是莫大善根；即使做过一点不太大的坏事，也已经抵消大半，足慰平生也。

第二，人生一世，光有好的志向是不够的，还需要有些本事，这就得通过读书、思考和实践获得了。我们之所以想考上一个好一点的学校，无非就是获得一个好一点的读书、思考和实践的环境而已。

第三，你目前学习不好，上不了满意的学校，这没有什么，这是大多数青少年的共同处境。那么怎么办呢？鲁迅说：姑且找一条路随便走走。你就先随便上一个学校。假如孔老师当年没有考上北大，就耽误孔老师救国救民了吗？说不定今天俺已经是北海道省党委书记了呢！

所以第四，你不要自暴自弃，而要隐身于普通民众之中。默默揣着你的理想，多少学些本事，见些世面，交些朋友。中华民族伟大复兴事业，总会有留给你干的活的。

中国，等着你。

你是抱着它吗？

⊙ **小农民·兴科**

老师，请问我们怎么才能放下浮躁？每天在网上看这些碎片式的新闻，时间长了感觉越来越浮躁，怎么也静不下心来。有时逼自己别看了，但好像上瘾了似的控制不了自己。

孔庆东

你要问的事情，我很理解。

但是你的表达有一点问题。

按照你的叙述，似乎“浮躁”是一件东西，你被迫地抱着它，现在问我放下这个东西的办法。

假如真是这样，那就非常简单了。你一撒手，那个“浮躁”不就放下了吗？

其实真相并非你抱着一个“浮躁”，而是那个“浮躁”抱住了你。所以你才难以摆脱。

当你自己力量不够时，就要寻找外力，荀子说：善假于物也。

既然你经常上网，那么就看点有意思和有意义的东西。比如孔和尚微博啊，比如金庸吧、鲁迅吧。还有各种专题讨论的群体。比如我们劝学群，就分为语文研究群、历史研究群、孔和尚研究群，等等。

这样同是上网，但人生的意义和价值就不一样了。人也一天天变得充实愉快了。你回头再找那个叫“浮躁”的家伙，早就溜到藕花深处，沉醉不知归路了。

大错！

⊙ 以柳晓山

人生失去方向的时候是不是应该多看书？

孔庆东

多看书，是错误的。

应该精准看书。

比如看看孔和尚的书。

因为孔和尚是21世纪人类的伟大导师。

能听懂吗?

⊙ **静芙念云**

怎样算有效阅读? 你有喜欢阅读的习惯吗? 你觉得应该怎么阅读才是有用的?

孔庆东

年轻人，一定不要追求“有效阅读”。

那样太功利了，容易毁掉自己的一生。

就好比吃饭，不要追求“有效吃饭”。

没心没肺地吃着，你就长大了。

这就是最有用的吃饭。

猪年逮羊

⊙ **真金岂怕火炼**

如何解读经典? 先给孔老师拜个年，祝孔老师在新的一年里继续在各个方面啥啥都好，啥啥都满意! 您曾说过，按照自己真实的生命体验和现实感受解读经典可能是最正宗的解读方法。问题来了，当我解读经典名著的时候，我怎么知道我读出来的东西到底实不实用，是花拳绣腿还是真功夫，是瞎说一通，还是确实读出来了一些味道? 谁才可以做自己思想的导师? 自然，人伦，法律，还是哲学思维，谁才是自己大脑的 ISO 9001?

孔庆东

过年好!

你的提问，说着说着话题就散了，最后搞不太清楚你到底问的是什么了。

这是提问之人的大忌。

当然也是一种时代病，现在的人不但不会自己解答问题，连提问也越来越笨拙了。

你的第一句话是如何解读经典，本来中心思想很明确。但是后面却问读出来的东西实用不实用，这实际上就是另外一个问题了。然而接下来，你又拐上了一条邪道。

建议你先查一个成语：歧路亡羊。

我好歹揣摩着你的意思，也发散性地答复你两句吧。

解读经典，不是为了实用的。当然如果恰好可以实用，那也不错。

如果你为了实用，那也不必追求解读得正确。

梅超风夫妇解读黄药师，就解读错了，但是依然可以纵横江湖。郭靖跟着七个名师，解读得都对，仍然经常挨揍。

还有，你如此心浮气躁地向我提问，骨子里还是一副实用主义思想。所以，你举出的我的那个说法，恰好就是针对你这类朋友的。你们怎么读经典都可以，不要有太多负担，也别指望有什么用处。

当然，我如果对别人，或者对我的亲学生们，可能就有另外一套说法了。

你先逮你的羊去吧。

十万阿修罗

⊙ **乌审旗依玉涵双**

网络文学为什么越来越水？连载的小说很多流水账啊，为什么会这样呢？

孔庆东

你为什么非要在树上看见鱼呢？

帮你分析一下

⊙ **梦寒芷蕾**

“世间好语书说尽，天下名山僧占多”，这句话是什么意思呢？

孔庆东

这句话的意思是，第一，让你少说话，因为你一辈子也说不出两句好话来；第二，让你少出门，因为好的风景早就被人家占了。你自己想想吧，第一少说话，第二少出门，那在剩下的时间里应该怎样好好度过人生呢？

你这个傻孩子

⊙ **尔云初蝶**

每天晚上读书的时候，看到有意思的地方都忍不住地往下看，有时候特别想睡觉，但是又想看书，特别纠结怎么办？

孔庆东

傻孩子啊，难道我们娶了漂亮的媳妇，就一夜一夜地不睡觉了吗？

媳妇是你的，又跑不了，急什么呀？

同理，书是你的，想什么时候看，就什么时候看，日常生活中没有比睡觉更重要的了——睡得精神十足的，再继续看，岂不是更快乐吗？

这事儿不怪美女

⊙ **迎蓉涵山**

“越好看的女人越会骗人”，对故事中的这句话你怎样理解？

孔庆东

此话不能当成科学语言来理解，而应该当成文学语言来理解。

所谓好看，是一种主观感觉。而感觉是非理性的。

所以当你以非理性的态度去看待别人时，就已经埋下了被骗的先机。

所以实际上并不是美女骗你，而是你自己在骗自己。

傻问题

⊙ **来唠五块钱儿的plus**

如何养成整理学习笔记的好习惯？

孔庆东

提问者中，有一大堆是问“如何”干什么的。你既然知道应该干什么，就直接去干好了，为什么还要问个“如何”呢？可见实际上就是不想干，潜意识里是必须非常不费事，我才干。

就好比：请问如何吃饭呢？有没有关于吃饭的技巧，分享一下。

这其实就是说，不喂到我的嘴里，我就不想吃了。

不吃就不吃呗，你死不死谁管你！

明白了这个，就不用再问这种傻问题了。

看他们斗志昂扬

⊙ **青旋宛筠**

在生活一团糟的情况下，该怎么办？

孔庆东

我看我家猫咪的生活，就是一团糟，而且它们每天还要继续搞得更加一团糟，恨不得把我们家都毁了才开心呢。

但是我看这几只畜生该吃吃该睡睡，心平气和，斗志昂扬，没有一点懊恼沮丧啊。

你明白了吗？

表扬你

⊙ **念梦南风**

我觉得这个世界好恶心，人们都在互相伤害，没有人能真正理解他人，对这个世界失望，感觉自己有一点厌世了，请问我该怎么办呢？

孔庆东

失望，说明你原来的那份希望是错误的。

那么现在纠正了错误认识，应该为自己高兴。

成熟的人，就是应该有一点点厌世——不要过分厌，这样才能保持一份正义的批判精神，然后发现，人生中还是有很多正面的积极的好玩的宝贝的。

意思意思

⊙ **雁芙慕蕊**

如何过好人生的每一天？每天觉得生活没意思，怎么才能把每天的生活过好？

孔庆东

既然这样，那么你就有不少的闲工夫啦，那就好好想一想，你说的那个“意思”是什么意思。想一想，就会明白，你说的那些意思，可能才真的是没意思。

你看看花草树木，鸡鸭猫狗，人家每一天都高高兴兴地，从来没有觉得生活没意思。

喜欢每一个晴天雨天，眼前的一切，都是菩提。

傻

⊙ **华山文兵书**

生命是什么？人的一生应该如何度过？

孔庆东

傻吃茶睡多喝水，生命越过越甜美。

经常很自私

⊙ 惜儿书竹

在你的生活经历中，你有没有因为什么事情而自私过呢？

孔庆东

经常很自私啊。

比如考试的时候一考就成绩非常高，不顾其他同学的心理痛苦。

还有坐车的时候，看见空座就坐下了，也没有逐个征求其他乘客的意见。

末代脑袋

⊙ 17 年的兴衰史

如果你是历史上的一位末代皇帝，你会怎么做来保住自己的皇位？你有什么计划呢？你会选择怎么做呢？

孔庆东

既然都知道是末代了，还保什么皇位呀？

就好比你明明知道明天就是你生命的最后一天，你还保什么班长组长的破位置呀？

那还用问吗？

⊙ **每天告诉你吃什么**

你觉得哪一种食物最适合用来形容自己？

孔庆东

要说哪种食物最像孔和尚，那还用问吗？

当然是：唐僧肉！——不过，有时候是五香的，有时候是糖醋的，有时候是麻辣的啦。

分解答复

⊙ **君心福田**

孔老师，粉丝可以到北大听您的课吗？

孔庆东

你这个问题，怎么还要付费提问呢？你觉得这个问题值得花 388 元来获取答案吗？或许是你担心，如果不付费，我就不回答呢。反正你这么一问，我倒是一激灵，如果两句话就打发了，恐怕是对你的不尊重呢。

那就允许我对你的问题，进行分解式回答吧。

首先，从我自己这方面来说，我们老孔家号称“有教无类”，人类中的绝大多数，都可以听我的课呀——只不过有的课免费，有的课要交点牛肉干，有的课要交一头牛而已。

其次，粉丝这个东西，概念比较模糊。啥叫粉丝啊？按照网络规矩，好像只要关注了，就算粉丝。那么这里边肯定也包含了一定的坏人和“脑残”对吧？所以有时候我也要区别对待。孔和尚帐下，该分明分明，该糊涂糊涂，区分度总是一种客观存在也。

最后，孔和尚的粉丝要到北大听课，这不是孔和尚有权允许不允许的事儿啊，这得问人家北大答应不答应啊。孔和尚的粉丝，仅新浪微博显示的，目前就有331万。咱们低调再低调，就算百分之一要到北大听孔和尚的课——天哪，每天三万人，整整一个八路军，涌进北大，你想想那是听课吗？那不活活把孔老师给整成了“孔部分子”了吗？

话说到此，你明白了吧？孔和尚欢迎天下各路朋友到北大、到任何地方听俺的课。但是此事客观上存在许多障碍。因此呢，此事不宜张扬。“悄悄地进村，打枪的不要！”而且假如你们成功地听到孔老师的课了，也别说是我让你们来听的——就说是闲着没事，偶然碰上了。

懂得这样说、这样做的人，才属于孔粉之中、“脑残”之外的那部分也。

超值超值

⊙ sunshineGuo854

老师您好，对于您最喜欢的作家鲁迅，请问您如何总结精炼其思想核心？感谢。

孔庆东

你能提出这样高层次的严肃问题，是值得表扬的。

但正式答复你之前，还是先批评你几句，让你这钱花得值上加值!

首先，对于鲁迅这样的伟人、圣人，是不应该使用“喜欢”“最喜欢”这样的庸俗词汇的。事实上，我们对鲁迅的情感，也根本不是“喜欢”。你仔细想想，就不难鉴别。难道鲁迅可以跟其他作家放在一起，让人们来投票似的分出最喜欢、次喜欢、很喜欢啥啥的吗?

其次，“总结精炼其思想核心”，是个病句。核心都总结出来了，还怎么精炼？再说鲁迅的思想核心，世界上还有人敢去精炼?

最后，你那个没头没脑的“感谢”，也很失礼，至少应该加个惊叹号吧?

好，以上几句话，其实就已经价值十万了——相信定会对你一生起到非常积极的促进作用。但是看在鲁迅面上，还是说几句鲁迅思想，因为你要问的，就是“您认为鲁迅的思想精华或者最重要的思想是什么？”——记住以后有话好好说哦。

鲁迅的重要思想有很多，我这里告诉你一组我总结出来的最重要的核心思维方式。记住很容易，但理解有点难，实践起来就更难了。所以，你先囫囵吞枣地记住吧。那就是——

怀疑精神。

反抗精神。

实践精神。

如果你想深入地了解孔老师对鲁迅的看法，那么推荐你搜一下“孔和堂”，有一位孔和尚，正在那里胡诌八扯哩。

大雅若俗

孔和尚说

⊙ 海冬晓亦

人生的必修科目有哪些？

孔庆东

好像有个叫孔和尚的说过，人生的必修科目，一共有 32 项[1]。你去查一查吧。

怎样成为高手？

⊙ 茶飘香 1982

孔老师好！我在劝学群学习已经有一段时间了。其间看了一些文史哲的书，也在网上找了相关的视频教程学习。可越看

1 数理化工，天地医生，语心社教，文史哲宗，音体美建，军法政经，农林牧渔，衣食住行。——著者注

思想越混乱，对问题的看法还是一个点一个点的，形成不了系统的理论知识，觉得失去方向感了。我想从一个文学爱好者的水平，提高到中文系的正规军水平。想请您指点指点。

孔庆东

茶同学，你好！

劝学群的性质是古典意义上的“大学”，而不是某种专科辅导学校。大学之道，在明明德，这里可以全面端正你的学习态度，指导你的学习方法，并通过一些具体学习实践，对你进行启发式教育。

但是如果你想具体学习某一门学科，那么就还是要按照该学科的学习要求和学习规律，去寻找学习材料，认真自学。

你现在想要成为中文系的正规军。那么你就要先去查询一下中文系有哪些专业。你想选择学习哪一个专业？比如说中文系包括：汉语专业、古典文献专业、汉语应用学专业、对外汉语教学专业、中国文学专业、编辑专业、秘书专业，等等。

听你的意思，似乎主要是想学习文学。那么你先看看自己的汉语水平如何。比如说现代汉语水平如何？古代汉语水平如何？如果汉语水平过关了，那么你可以自学中国古代文学史、中国现代文学史、中国当代文学史。同时学习一些文学理论，比如说文学概论、中国古代文论、马列文论、西方文论。

当然，孤立地学习这些，也很难达到比较优秀的地步。为了学好文学，就必须学习马列主义理论、中国古典哲学、西方哲学史、中国历史、世界历史、中国共产党党史、国际共产主义运动史。还要学习西方文学史、东方文学史、俄苏文学史、民间文学、比较文学。还有，与以上诸门课程配套的大量专门课程。

攀登任何一门学问的高峰，道路都是艰苦的，但也都是有规律可循的。如果确实有志于攀登，那么也无非就是一本书一本书地读下去，慢慢地就会发现，书越读越快，境界也越来越高了。

即使最后没有攀上高峰，但你回头看看，大多数人已经在你的脚下了。身处爱好者中间，你仍然是一个令人称羡的高手。

在广阔的人生中去学语文！

⊙ **景云谷**

孔老师，您好。在下儿子今年入学深圳一所重点高中，感觉他语文课外书读得不够，语文成绩一般。虽然以前也看过老师类似的回答，但还是希望再次听您讲讲：对于高中生，高中三年可以如何行之有效地提高语文成绩（也希望能提供一些适合高中阶段的课外书书目），进一步完善他们的语文思维，不断扩展他们的视野，更好地增强他们的社会意识！ 谢谢！

孔庆东

好的，这个问题属于本辖区。不过先要纠正你本人的一个语文错误，“在下”一词不能当定语去修饰其他名词，我的儿子不能说成“在下儿子”。以后要注意哦。

祝贺令郎考入重点高中！刚上高一，什么都还来得及。但是一定要跳出请高人给开列书目这个误区，大多数家长就是这样坑害了孩子的，**总以为世界上存在着某些神秘的武功秘籍**，只

要从高人那里获取了秘籍的书目，就芝麻开门了！

那些应该读的课外书，大多数人都知道，根本不用再问！巴尔扎克你知道吧？托尔斯泰你知道吧？司马迁你知道吧？毛主席你知道吧？这些人的书读了吗？这些没有读，还到处问啥书目啊？

就从那些人所共知的经典中，随便找一部分，天天读，日日写，时时说，处处玩，就可以啦。

另外，要听本班语文老师的话，本班老师是最了解学生状况的。

把孔和尚关于语文的那些破文章再读读，把语文放到整个人生中去学，三五百天，一定会见效的。何况令郎还是重点高中的学子呢！

走出理科生的狭隘境界

⊙ 秋窗疯语系

孔老师好！想请教萧峰与阿朱、阿紫的关系是否构成一种隐喻，即阿朱隐喻爱、理想和美德，阿紫隐喻自私、欲望和罪孽，一个人在绝望中发现和接受了爱、理想和美德，又为了仇恨亲手把它打碎，陷入悔恨和更深的绝望中，从此被爱、理想和美德的亲妹妹——自私、欲望和罪孽纠缠不清。表面上阿紫和萧峰之间是沟渠明月的情感纠葛，却像极了一个人内心自己和自己的挣扎、斗争。长期处于愧对阿朱（爱、理想和美德）和迁就阿紫（自私、欲望和罪孽）的矛盾心态中，最后以一死换和平，舍身成仁，终于成就了爱、理想和美德，于是纠缠不休的阿紫也抱着萧峰的尸体跳崖，隐喻形骸与罪孽一起消亡了。不知这样理解萧峰与阿朱、阿紫的关系是否合适？

孔庆东

伟大的文学经典，存在着无穷的解读方式和路径，随着时代的变迁，可以永远解读下去，这就是经典的魅力。

你对萧峰的情感纠葛的解读，就很有道理和启发意义，是基本可以成立的。

但是任何一种解读，都可能存在自身的局限，所以解读的同时，也要注意不能走得太远，不能无限引申。

在与萧峰发生感情纠葛的女性中，你专心于阿朱和阿紫这一对姐妹，于是得出一个封闭的结论。但是你忘了还有一个重要的女性——马夫人康敏。

所以你的解读单看表面，似乎很有条理，其实还是一种理科生的沾沾自喜，满足于公式的简洁和算法的漂亮。

而一旦引入马夫人这一变量，你会发现，系统顿时复杂了。

你想想阿紫是怎么折磨康敏的。你再想想康敏倘若有机会，有没有可能极其惨毒地折磨萧峰。**那么萧峰面对的，可能至少是一个三元方程。**

萧峰这种顶天立地的大英雄之死，不能仅仅从男女关系的隐喻中获得阐释。正如拿破仑发动战争，不能归因于水性杨花的约瑟芬不喜欢他肚皮上的那块癣。

男人不是仅仅为了女人而生存的，男人们自己的那个雄伟辽阔的世界，那个一百零八位英雄只有三个女性的世界，才是男人各种言行决策的主要来源。

不是双重否定

⊙ 徒儿爱豆豆 dengnihuilai5739

“帮某某某伪造假学历”是不是病句？

孔老师好！见到有人在讨论这个语文问题，俺越听越懵。如果高考时遇到类似考题，学生该如何正确分析？特向孔老师提问。“语文学好了，干什么都摧枯拉朽，势如破竹。”感恩老师的教诲。

孔庆东

你提的这个问题，我已经在劝学群里仔细讲解过了。当然我讲的不仅仅是这个句子，我是借此帮助群友从更广的视角理解语法问题，所以才讲了三个小时。

在这里，我只能比较简略地答复你一下。这个句子没有毛病，但是非常貌似病句，所以一些语文方面比较敏感的朋友，包括一些语文工作者，都会认为是病句。在他们看来，伪造就是假的，后面又来个假，这岂不是否定之否定，负负得正吗？

但是仔细分析，**伪造的伪，并非是对造的否定**。伪造不是不造，也不是虚假地、装模作样地造，伪造也是很认真地造，也是按照某种技术标准去造。之所以称为伪造，是从其目的去说的，其目的是用自己造出来的东西，去替代另外的东西。也就是说，伪造就是造，造的意思就是无中生有，但无中生有不见得是贬义。人类的文明成果都是无中生有的，但是正面价值的东西，不能叫伪造。

你说考试时遇到类似问题怎么办，如果遇到题目就出错了，那也没办法。我们假定题目不错，那么不能看见虚、假、伪、冒这类词汇，就认定是“否定”词，更不能认定两个这类词连用，就是双重否定。那不叫数学学得好，那叫数学学得死了。

就像我在讲课中跟群友们讨论的例子，伪装伪军，不等于装扮成八路军。伪装，必定是认认真真地装，伪军，也并非不是一种军人。

回到你的原句，客观的学历，是指学习经历，那个无法造。我们说的学历，是指证明那个学习经历的文书。这个文书是可以造的。因此可以说造，也可以说伪造——此时只是强调其骗人的目的和结果。而在生活中，人们多数采用后一种说法，我们到处可见伪造虚假合同、虚假信息、虚假公章、虚假档案等说法，不会产生歧义，没有人认为伪造虚假公章就是造了一枚真的公章。

本来中国人的很多表述都没有问题的，例如《聊斋志异》中还有“伪造浮言”的说法。但是引进西方语法之后，有时候造成我们胶柱鼓瑟，反而理解力出了障碍。

最后我再举一个在群里没有说过的例子，就是佛教中的概念“空空”。假如按照“双重否定”的思维去机械理解，空的空，不就是不空吗？那不就是实实在在吗？这么理解显然是错误可笑的，空空道人要哭晕了。这里的“空空”，是强调空上加空，空得连空都没有了，而绝不是不空也。

语文问题

⊙ 京爷1953

“进取”与“执着”有何区别？

孔庆东

进取，就是前进＋拿着。

执着，就是拿着不撒手。

人生

⊙ 以彤又莲

你是怎么理解文学的？你觉得文学是什么？

孔庆东

文学即人学。

文学是虚拟人生，但却是比真实人生更真实的人生。

人民的选择

⊙ 念芹靖巧

如果现在重新定中国四大名著，你觉得应该是哪四本书？或者你觉得还是原来的那四本就好？

孔庆东

应该还是这四本。

因为我读过上百部古代小说。

读懂水浒不容易

⊙ 惯看_秋月春风

孔老师教导我们要多读硬书，这个教导我一直不敢忘，所以坚持天天读，而且是文史哲交叉进行。我最近在读《水浒传》，发现此书越读越有味道。有个问题我一直想不明白：关于宋江。我特别讨厌宋江，因为我觉得他的大多数行为用一个字来说就是“装”。他所谓的讲义气不过是为了收买人心。金圣叹分析是宋江害了晁盖，我觉得很有道理。要知道他跟晁盖有过命的交情，而宋江竟然害了晁盖，而且之后马上搞“修正主义”，把梁山的性质变了，一心想被招安。让我疑惑的是，宋江这种人竟然那么受欢迎，林冲还推他当一把手！梁山诸多英武豪侠、义薄云天的好汉心甘情愿叫他大哥！梁山上很多人反对招安，比如鲁智深，而后来竟然还跟着他征方腊！宋江在这群人里能力好像也很一般，比如三打祝家庄，宋江带着前两次就打败仗了。这种人，靠什么统领那群脾气那么大的梁山好汉？我研究生读的商学院，发现所有知识在面对这个问题的时候都失效了，管理学不管用，领导力分析不管用，各种模型通通不对。如果做一个领导力模型，宋江一定得分不高。可是很奇怪，不管我们多么不喜欢他，都得承认他作为领导者是成功的。这到底是为什么？梁山好汉们到底怎么想的，为何听宋江的？请万能的孔老师指教一二，阿弥陀佛！

孔庆东

对宋江这个人物，金圣叹、鲁迅、毛泽东都是不喜欢的。他们的不喜欢，很深刻，很有高度，很有启发性。

但是，他们指出了宋江的要害问题之后，并没有解决你后面提出的问题。

也就是说，伟人不喜欢的人，可能也自有他的成功之处、合理之处。

宋江没有大英雄气概，惯于使用权术，以银钱收买人心，还有一心想招安，这些不仅后人经过仔细阅读可以看清，就是梁山好汉们自己，应该多数人也是看得清的。那么，为什么看清了还要拥戴宋江当大哥？

第一，宋江的这些特点，都是其他人做不到、做不好、做不全的。你说宋江惯用权术，你用一个看看？你说宋江收买人心，你收买几个看看？

第二，宋江一心想招安，是不是符合了大多数好汉的心理需求？如果不招安，那么有几条路？

在封建社会里，农民起义，要么被镇压——这不会有人喜欢吧，要么自生自灭——那就是土匪流寇，要么推翻朝廷，再建立一个封建王朝，继续滋生高俅、童贯、蔡京、杨戬——反正不可能改变社会制度、建立一个“民主自由”新社会。那么在此大格局之下，宋江的招安理想，不是一个上佳的两全之策吗？

即使晁盖不死，梁山又能怎样？要知道，梁山再增加216将，也变不成井冈山！

所以，我们是不是可以超越对宋江这个人物的褒贬，从他身上，看到广阔的人生天地，看到深深的英雄无奈，看到历史悲剧中的天道昭彰！

三种答案

⊙ **平松乐蕊**

《水浒传》中，最聪明的人究竟是谁?

孔庆东

这个问题，不同的人可能有不同的认识。

一般读者可能从谁最会出谋划策来判断聪明，那么答案就是吴用了。

也有读者从谁最会用人来判断，那就是宋江了。

还有人从谁给自己安排了最佳结局来判断，那么不是燕青，就是李俊了。

并不憋屈

⊙ **阅阅写写**

为何很多人都认为朱武是《水浒传》里最憋屈的好汉?

孔庆东

有啥憋屈的?

能文能武，肥吃肥喝的。

当一个总算计师的备胎，又不用费脑子。

正合于庄子所谓才与不才之间也。

朱武同学过的，是人生最幸福的生活之一种也。

兵升官记

⊙ **傲珊雪珍**

如果以梁山小兵的视角来写《水浒传》，会是怎样一个故事？我已经想好了：一日出门饮酒作乐，卒，完结。

孔庆东

梁山一小兵，勇敢又聪明。
原来是草根，步步往上升。
两赢童贯，当了副班长。
三败高俅，当了班长。
招安后，当了副排长。
破辽，当了排长。
征田虎，当副连长。
征王庆，当连长。
打方腊，当了副营长。
归朝后，当了营长。
宋江上西天，当了军分区司令。
然后率兵去镇压农民起义。
被俘，重新当了强盗。

说说这个真实

⊙ **依瑶涵菱**

《三国演义》跟《三国志》有什么区别？都说《三国演义》

三分真七分假，而《三国志》其实不然，想问一下这两者有什么区别？

孔庆东

从历史的角度来说，《三国演义》连三分真也没有，能有一分真就不错了。

但是评价一部文学作品，不能单纯使用历史标准，历史的真实，未必是真正的真实。

那么什么是“真正的真实”呢？你多读一些孔和尚的著作，就明白了。

当然，也未必就能明白哦。

千万次发生

⊙ 历史本来就很重口

从冷兵器格斗的角度看，赵云单骑从曹军中杀出重围是否可能？

孔庆东

冷兵器战斗，受空间限制，实际上包围一人一马只能使用四五个人，所以十万人包围一个人，跟一百人包围一个人，没有什么区别。

在这种情况下，如果单兵格斗能力相差悬殊，坐骑速度快、力量大，那么一个人打倒一片人，是很普通的事情。

所以历史上单人冲出重围，是千万次发生的事情，赵云并非孤例也。

拐个小弯

⊙ 三分钟看懂英国历史

如果诸葛亮在最后一次北伐，成功打下并守住了长安，历史会如何演变？诸葛亮的历史地位又会有何转变？

孔庆东

那司马家族篡的就是老刘家的位，以后还是晋朝统一，后来仍然会出现《三国演义》，诸葛亮仍然被吹捧为智慧的化身。

承包

⊙ 孤风绮山

《三国演义》中，你最想成为谁？你最欣赏哪个人，为什么？

孔庆东

我想把那些英雄的业绩，都承包给我一个人干了。

比如说先找两个好哥们儿，我们桃园三结义。然后我遇见三个猛将打我，他们三英战和尚。我斩颜良诛文丑，过五关斩六将，大战长坂坡，喝断当阳桥，破袁绍灭刘表，借东风火烧赤壁，单刀赴会，隔江截斗，横槊赋诗，以观沧海，七擒孟获，三打白骨精……哦，瞧我都忙晕啦！

孔和尚一针见血地指出

⊙ **夜梅以南**

既然王熙凤与薛宝钗是亲表姐妹，为什么却不亲近呢？

孔庆东

同行是冤家！

模式

⊙ **孤风绮山**

如何评价《红楼梦》中林黛玉这一角色？林黛玉在《红楼梦》中，起着怎样的作用？

孔庆东

根据中学语文教学的标准答题模式，凡是遇到你这种不着四六的提问，一律回答：

起着承前启后的作用，表达了作者深刻的思想。

不要当鬼子

⊙ **迎蓉涵山**

鲁迅与曹雪芹，谁的文学成就更高？从文学水平上看，鲁迅与曹雪芹哪个更胜一筹？你更喜欢谁呢？为什么？

孔庆东

长篇小说，曹雪芹高。

长篇小说之外，鲁迅高。

僵化

⊙ **青埂峰下的鬼话**

赵姨娘在《红楼梦》里是愚蠢，还是有心机？

孔庆东

你的思维有点僵化哦。

在很多情况下，有心机，其实就是愚蠢。

所以古人发明了一个非常漂亮的词组：

愚而诈。

差不多

⊙ **尔冬凝丝**

对你来说，孙悟空是怎样的存在呢？我觉得他是很厉害的大英雄，孙悟空在你心中的地位是怎样的呢？

孔庆东

孙悟空没什么了不起。

因为他干的事情，
跟孔和尚差不多。

诗

⊙ ** 不理财女神不睬你 plus

如何评价老舍的小说《月牙儿》？

孔庆东

一首伤痛的叙事诗。

立场究竟有多么重要?

⊙ **湘江东爸**

孔老师，想请教一个关于文学作品的问题。刚看了《暴风骤雨》，最近又参与了《我不是药神》所引发的大讨论，我隐约感到立场问题可能是最重要的问题。对于同一个事实，站在不同的立场，会有完全不同的结论。对于土地改革的“暴风骤雨”，周立波和方方的立场可谓南辕北辙。对于程勇这个“药神”，不同的立场，肯定会有截然不同的表现手法。孔老师，我模糊地觉得，搞清楚作者的立场，可能是理解文学作品甚至新闻报道的关键。意识到这一点，回顾我读过的很多书，有种恍然大悟的感觉。但是，这个结论用到诗歌上面，好像不对。李白的诗，似乎就超越了立场。孔老师，请问立场问题是不是文学作品的一个关键性的问题？为什么我们的语文教学没有强调立场问题？是不是应该引导学生理解作者的立场，站稳自己的立场？

孔庆东

立场，确实是非常重要的文化问题和文学问题，不重视这个问题，就会看不清许多其他问题，甚至会犯严重的错误。

但是，也不要把作者的立场看得过分重要。因为文化毕竟不等于政治，立场不正确的文化工作者，也可以创作出高水平的文化产品。打个比方，如果你生活在抗战时期，汪精卫当你的领导，你可能要出大问题；但是汪精卫当你的厨子，可能不影响你吃到美味佳肴。

回到文学问题上，许多经典文学作品的作者立场并不一定“正确”，即便当时正确了，到了另外一个时代，又可能被认为“不正确”。比如法国的巴尔扎克，是个保皇党，但这没有影响他深刻而广阔地写出法国社会的众生相。

为什么会这样呢？就因为文学本身是有生命力的，文学因为自身有生命，所以就不可能完全被作者所操控。只有把握了文学生命秘密的作者，才能写出像《暴风骤雨》那样的经典之作。还有那些在政治上反对样板戏的人们，一方面认为样板戏“不正确”，另一方面却也不得不承认样板戏艺术上的伟大。

所以，我们应该在教育过程中注重立场问题，但是又不要搞“唯立场主义”。要相信文化自身的力量，最终会是“邪不压正”的。

两股道

⊙ 紫翘书桌

你会看茅盾文学奖作品吗？你会因为好奇阅读吗？

孔庆东

阅读茅盾文学奖的作品，是洒家的工作需要，怎么会因为好奇而阅读呢？洒家也会因为好奇而阅读一些作品，但是那些作品都不可能获得茅盾文学奖。

忠于

⊙ 雁凡念之

你喜欢路遥的作品的原因是什么呢？你对于他的作品有什么评价呢？

孔庆东

路遥属于那种思想观念随大流，但是非常忠于自己的生活经验，非常关心普通人命运的优秀作家。对于文学家来说，只要他忠于现实，就一定会用真实的笔触，战胜自己的局限观念。例如巴尔扎克和托尔斯泰，思想上是反革命的，但是由于直面惨淡的人生，写出了人生的真相，所以其作品就成了经典。

你为什么看出了冷？

⊙ 到底让换昵称吗

孔老师，我有一阵子喜欢看麦家的书，但读的时候心里总感觉冷，这是咋回事啊？

孔庆东

麦家是当今中国一流优秀的作家，而且也是在海外影响最大的当今中国作家。但是因为他写作的题材涉及惊险谍战，一些僵化的学者认为他属于通俗小说家，那些学者根本就没有认真研究过通俗小说也。

我许多年前就向茅盾文学奖推荐麦家的作品，我认为麦家获奖，可以拓宽茅奖[1]的疆域，增加茅奖的分量，而且我们从任何一种视角去考察其小说，都具有深刻的哲学性和高雅的文学性也。但我的看法，当时许多人不能接受。但后来听说麦家还是获奖了，这说明评委们的境界提高了。

你说的读麦家会心里发冷，这正是高雅文学的特征之一。**高级的文学，不是讨读者喜欢的，不是要给读者“送温暖”的。高级文学必须“陌生化”，就是不按照读者喜欢的套路出牌。**我们阅读鲁迅，不也会觉得“冷”吗？我读鲁迅，从来就不是去找温暖、找快乐的。

当然，如果我们探讨这冷的原因，那可能就复杂了。作品本身的写法，是严格的现实主义的，那就冷，比如巴尔扎克的、茅盾的，都冷。

---

1 此处“茅奖”系作者对“茅盾文学奖”的口头简称。为保留作者表达风格，且因该称谓不致读者阅读困难，本书保留这一简称。

另外作者对人生的看法，也导致温度的差异。麦家独特的工作经历，肯定使得他看世界时，是用一双冷峻的眼睛看的。

最后，能够看出“冷”来，也说明你的文学鉴赏水平比较高。那些一味到文学作品里寻找娱乐的人，是看不出冷暖的，他们只会觉得“有意思”和“没意思”。而你这样的理想读者，才是对得起作品，也对得起作者的。

补充一个结尾：我们能够看出优秀作品的冷来，是因为我们有一颗火热的心。

我跟汪老对话

⊙ 依琴从波

汪曾祺的小说有什么不足之处？

孔庆东

汪曾祺自己说：我的小说不够深刻。

孔和尚说：不深刻就不深刻呗，为什么非要要求所有的小说都深刻呢？

面包不是豆包

⊙ 安白谷波

如何解读余秋雨的《文化苦旅》？《文化苦旅》这本书看得人云里雾里，不太懂，究竟是要说历史还是说人生？

孔庆东

不要拿着文学作品学历史。

余秋雨先生的《文化苦旅》等著作，是优秀的文化散文，你从中学习和欣赏文学即可，不要瞎扯别的。

透明

⊙ **青梦曼容**

你对于汪国真的诗有什么评价?

孔庆东

请读本人名篇：

《透明的汪国真》。

你说错了

⊙ **影讯追剧达人绿蕊**

《悲惨世界》是否值得一看?

孔庆东

你说错了，此书值得三看。

一看故事情节，二看思想深度，三看中国现实。

胡萝卜

⊙ **凝琴芷珊**

你是如何坚持读《瓦尔登湖》的呢？

孔庆东

《瓦尔登湖》是一本还不错的书，但是被吹捧到了非常恶心的程度。这让人非常怀疑那些吹捧者的文化品位和思想深度，拿着胡萝卜当人参。

当然，胡萝卜也是有营养的。

我们有资格评价瑛姑吗？

⊙ **林放虎**

瑛姑对于伯通，一生悬命般地纠缠不放。这样真的好吗？真的有意义吗？是不是有的人，只能待在情感的悬崖顶上，而不愿意接受在现实谷底的寻常生活？

孔庆东

你的这个问题，因为必定有些乡亲们来围观，所以我先帮你解释一下：此问来源于金庸小说。老顽童周伯通不懂爱情，但是无意中惹得瑛姑爱上了他，瑛姑至死不渝地等他、追他，两人都受尽了折磨和烦恼。

以后再提问，最好自己先把材料交代清楚，要体谅世上还有三分之二受苦人以及百分之八十不读书之人也。

回头说你的问题。瑛姑不放周伯通，这不是好不好的问题。你这样问我，还有情可原，如果直接问瑛姑，未免有些不通人情，这也正是当今青年人的通病，动不动就问“好不好？”或者“这样真的好吗？”。问号背后撅着一张傲慢而无知的脸。其实脑子里都是粗俗的利益算计。当然你问的还是感情问题，跟他们不完全一样。但是你仍然是从事情的结果来考虑，这就仍然属于现实思维。

现实思维本身没有什么对错，如果考虑现实问题，当然需要现实思维。但是爱情不是现实问题，**爱情是浪漫问题，婚姻才是现实问题。**所以你问的“有意义吗”，就显得极其幼稚可笑啦。

爱情的意义，不在于结果，不在于现实，而就在爱情本身。就好比你吃了口辣椒，辣得流泪和大叫，此时我问你：“你如此流泪和大叫，真的好吗？有意义吗？”你肯定要说我没有人味儿，说我有病也。

爱情就是吃了辣椒流泪，就是听了音乐起舞。只是各人的反应有深浅和方式的不同，多数人过一阵就恢复常态了。但是世上就有瑛姑这样的至情至性者，深陷其中，不能自拔。这并非理性的故意选择，而是身不由己。我们大多数人不这样，不代表我们活得比人家高级，很可能还是相反呢！

你最后用的悬崖和谷底的比喻，也不够准确。现实生活未必就是谷底，也自有其高雅，现实之中也有浪漫。而像瑛姑那么纯情的人，其精神状态也不是悬崖，而是自有一片幸福的草地。

现代人从小在分数教育下长大，所以我们要警惕给各种人生状态轻易打分。瑛姑的幸福，是我们不能体会的。老顽童的幸福，也是我们不能体会的。我们应该老老实实低下头来，向那些高人致敬，向塑造出这些高人的金庸先生致敬！

崖高人远，马疾香幽，人类可能再也塑造不出那样至情至性的神话般的形象了。

快事

⊙ **宛白念云**

周芷若并不是峨眉派武功最强的人，那为什么灭绝师太要将掌门之位传给她呢？

孔庆东

如果深度研究了灭绝师太的心理，你可能会想到：这个单身孤寂坚忍非凡的老太太，她最大的、最隐秘的心愿是什么呢？

那就是以政治的名义，看一对情侣互相残杀，不论武功高低，谁杀了谁都是快事一件！

到底这是为什么？

⊙ **乐蕊白风**

为何《天龙八部》中的乔峰一定要自杀？

孔庆东

为何有的英雄一定要舍身炸碉堡？

为何有的英雄一定要舍身堵枪眼？

为何有些人总是对英勇牺牲质疑？而对贪生怕死、苟且偷生，却熟视无睹，从不反思？

现成的答案

⊙ **笑寒冰菱**

金庸武侠小说中最厉害的武功是什么？

孔庆东

仁者。

无敌。

一个例子

⊙ **拾光书屋**

什么书让你感受到人性的恶？

孔庆东

《连城诀》。

遗憾

⊙ 碉堡了电影

如何评价《雪山飞狐》中胡斐这一人物？

孔庆东

这个人物不如在《飞狐外传》中塑造得好，稍微有欠丰满，而且被他老爸给抢了戏。

你看孔和尚

⊙ 如松灵枫

黄药师为何被称为“天下五绝”？同是“天下五绝”，洪七公一生杀 231 人，为何黄药师从未杀一人？

孔庆东

能杀而不杀，这可能比索性杀掉，更需要功力。

而能做到基本上都不杀，这就是说可以完全控制场面，那难道不是一绝吗？

可以参考平津战役，攻打天津就是洪七公，完胜。而和平解放北平，就是黄药师，也是完胜。

孔老师在微博上，也是有时候当当洪七公，有时候当当黄药师也。

信仰

⊙ 语风寒蕾

金庸的《天龙八部》这本小说中，你最喜欢哪个人物？

孔庆东

南海鳄神。

为人纯真。

信仰坚定。

不忘初心。

中介

⊙ 海冬晓亦

金庸小说中，乔峰和杨过到底谁的武功更高？

孔庆东

这样的比较，必须找到一个中介，才能确立标准。

恰好我们找到了与二人都能够发生关系的王重阳。

以王重阳为标准，经过比较复杂的转折，最后可以发现，还是乔峰略胜一筹。

细讲

⊙ **傲珊雪珍**

金庸武侠人物中谁是实力最强的？客观的排名应该怎么排？

孔庆东

第一名，达摩。

后面的名次，等待孔和尚细讲。

两本

⊙ **碧曼小凝**

第一次读金庸的作品，应该先读哪一本？

孔庆东

《书剑恩仇录》。

或者：

《射雕英雄传》。

好与差

⊙ **念寒书萱**

金庸小说是都很好看，但是如果非要有个排名，哪一本最好？哪一本最差？

孔庆东

《天龙八部》最好，《鸳鸯刀》最差。

最差的在全世界文学作品中，也可以列入三流。

最好的一部

⊙ **含雁静丹**

有什么好看的师徒恋小说推荐？

孔庆东

《神雕侠侣》。

你看看这两部

⊙ **依瑶千雁**

最近非常想看武侠小说，金庸的不用推荐，还有哪些武侠小说比较好看呢？

孔庆东

《鹤惊昆仑》，《铁骑银瓶》。

解密啦

⊙ **友灵语薇**

你看的第一部武侠小说是什么？

孔庆东

俺的起点比较高，俺看的第一部武侠小说，就是世界上最伟大的武侠小说，也是目前我们劝学群正在热火朝天学习的武侠小说：《水浒传》。

大雅若俗

⊙ **乐儿幻桃**

你觉得最有意思的一个作家是谁？

孔庆东

给你推荐赵树理。

他的风格独一无二，大雅若俗。

看上去简单朴实，骨子里怀着深切的伤痛。

你能明白这个道理吗？

⊙ **作家白枫麟**

李敖一生最爱的女人是不是胡茵梦？

孔庆东

像李敖这个级别的人物，他人不可能知道，他一生最爱的人是谁。

也许学者可以根据大量材料，考证出他最爱的人来，但是那仍然不可靠，因为关键的材料，主人不会那么容易就泄露出来的。

换句话说，**我们从作者那里获得的信息，都是作者希望我们获得的信息也。**

问一答万

⊙ **米津布尔克**

你所了解的三毛是真正的三毛吗？

孔庆东

我们所了解的任何一根毛，都不是真正的那根毛。

何况是三毛呢？

四位

⊙ **谷波安珊**

有没有文笔比较好的小说作者推荐呢？ 你看过哪些作者的小说呢？能推荐一些文笔比较好的吗？

孔庆东

如果不考虑其他因素，单说文笔好的，还活着的中国作家，给你推荐几位：

莫言，余华，王蒙，贾平凹。

十万微后第一嘟噜

⊙ **青梦曼容**

想系统了解中国上下五千年的历史，看什么书最好呢？哪些书系统地讲解中国上下五千年的历史呢？

孔庆东

直接读《上下五千年》。

警惕长舌妇

⊙ **肥乡灵萱青丝**

如何系统地自学中国历史？最近对中国历史很感兴趣，无论哪个时代，不知道要怎么自学？

孔庆东

先找一部通史，经典一点儿的，上个世纪出版的。认真读后，建立一个历史框架。

然后读几本经典的历史著作，比如《左传》《史记》《资治通鉴》。

不要在网上东看西看，那样培养的不是历史兴趣，而是长舌妇的看客心理。

举一例

⊙ **冬灵诗双**

历史上有哪些受命于败军之际，力挽狂澜于既倒，最后却事了拂衣去，深藏功与名的英雄人物?

孔庆东

这样的人很多。

我知道的最近的一个例子是：

孔和尚。

他多次做过你说的那种事。

最容易忽略的

⊙ **雁荷念烟**

刘邦当上汉高祖，最大的功臣是谁?

孔庆东

吕后。

马克思主义

⊙ 历史上的今天和明天

关羽如果在华容道截杀了曹操，天下将有怎样的变化？大的历史格局能改变吗？

孔庆东

虽然这是虚构的情节，但是咱们就当成真的来推演。

曹操死了，北方会发生一时的混乱，然后推出新的军政领袖，最后还是统一了南北。——因为社会发展的总趋向，并不取决于少数领袖，而是取决于生产力和生产关系。

政治准则（一）

⊙ 读史知天下

诸葛亮和司马懿相比，为什么千古流芳的是诸葛亮？

孔庆东

是否为人民做好事，为人民做了多大程度的好事，这是衡量政治人物的最高准则。

三过

⊙ 宋安之哟

谋权篡位的不在少数，西晋的司马氏为何被很多人所不齿？

孔庆东

过于冷血，过于权诈，过于恐怖。

政治准则（二）

⊙ 又一页浓烈的历史

如何评价李渊被李世民逼迫退位？

孔庆东

一切以江山社稷为重，以全体人民利益为重。

这是我们评价古代政治斗争的基本准则。

革命

⊙ 60 条历史典故

时光回到 1900 年，皇帝要怎么做才能让大清延续下去？

孔庆东

1900 年的时候，成立一个皇帝领导下的革命委员会，打土豪，分田地，发展现代教育和现代科技，实行民族平等和男女平等，男人剪辫子，女人不缠足，十年后建立人民代表大会制度，这样或许可以延续大清的国祚。

路线图是这样的

⊙ 消失的22个神秘古国

如果大清没有灭亡,那我们的生活会发生什么样的变化呢?如果大清没有灭亡,溥仪之后的下一位继承者最有可能是谁呢?

孔庆东

如果大清在当时那么巨大的压力之下没有灭亡，那么只能把皇帝禅让给汉人，或者是袁世凯，或者是孙中山，然后实行民族平等，男人剪掉辫子。帝国主义一看，很不高兴，于是就来欺负。接着还是五四运动，中国共产党成立……最后建立新中国，两弹一星，改革开放……

非关个人恩仇

⊙ 各朝代灭亡原因

张勋起于微末，深受清廷大恩，他一辈子自认清臣；文天祥，民族英雄，大义凛然。他俩有何异同?

孔庆东

文天祥面对的是异族的侵略者，捍卫的是本民族的尊严。而张勋面对的是本民族的革命者，阻挡的是正义的历史车轮。

这个提问包含着多项“脑残”

⊙ 各朝代灭亡原因

闯关东时期，山东人为什么会选择东北？为什么不去更为富庶的江浙呢？

孔庆东

闯关东时期，江浙地区并不普遍富庶。其实直到今天，江浙地区的普遍生活水平，也未必就比山东地区要高。

山东地区对全国所做的经济贡献，如果从古到今算个总账的话，恐怕是遥遥领先的。

闯关东的根本原因，其实是山东经济发达。

因为经济发达，人口就猛增，人口猛增了，地就不够种。

所以就有大量的农民，必须外出寻找新的耕地。

江浙地区有多余耕地吗？

最肥美的大面积耕地在哪儿呢？

当然是关东啦。

苍白的你啊！

⊙ 乐荷静曼

如何评价作家伊曼努尔·康德？他的书中都出过哪些名言？

孔庆东

首先我想告诉你，伊曼努尔·康德并不是作家，而是一个伟大的哲学家。

你连如此伟大的哲学家都不知道，可见你的头脑是如何的苍白，贫乏。

不过看在你仍然具有学习欲求的份上，我还是告诉你两句康德的话吧。

第一句：一个行为的道德性不取决于它的结果，而仅仅取决于该行为背后的意图。

第二句：决定我们是否富有的，不是我们拥有的东西，而是我们没有也行的东西。

正确的态度

⊙ 抠门兔理财省钱笔记

如何读懂马克思的《资本论》？

孔庆东

对于如此重要的人类文化经典，可以先不必追求“读懂”。正确的态度是懂多少算多少。

更重要的是置于现实生活的背景下，对照思考。

现代的精髓

⊙ **从菡访梦**

什么才是中国哲学的精髓？中国哲学思想经过长时间的解读，流传出了很多见解。你是如何看待哲学的？

孔庆东

中国哲学，在不同的历史时期，凝结成了不同的精髓。

到了现代中国，这个精髓就是：

毛泽东思想。

分清概念

⊙ **咖啡豆的爸爸_代强**

诸葛亮和毛主席都没有学过心理学，却为何能成为超一流的心理学大师？

孔庆东

你提的问题很好，你敏锐地发现了一个重要问题。

但是你使用的概念有一点小小的不严谨。诸葛亮和毛主席，不能说是“心理学”大师，他们是“心理”大师。

心理学，是一门建立很晚很晚的现代学科，属于专门研究人和其他动物的心理活动的学问。从好处说，有利于我们了解多种心理现象，总结规律，良好应对。从坏处说，也有一些所谓的“心理学理论”是伪科学，甚至是骗人的。

正如不学烹饪理论也可以成为优秀厨师，不学文艺理论也可以成为优秀作家一样，琢磨别人心理，这事儿本来就是不需要学习的。

我家的猫，琢磨我对它们的态度，基本上万无一失。而它们可都是文盲哦。

回到诸葛亮和毛主席，他们成为心理大师，不过是按照实事求是的认识论原则，冷静分析他人的各种外在表现，透过现象看本质，透过语言看心理，也就是古人常讲的“察人”。在实践中运用纯熟了，准确率越来越高了，也就成为大师了。

推荐一个阅读结构

⊙ 用户 6988115745

孔老师好，我会计专业研究生毕业，是一个 13 岁孩子的妈妈，工作顺利，与同事、亲朋等沟通没问题，但在教育自己的女儿时，经常感到文化底蕴不够、文化视野狭窄，一着急还口吃。女儿是 12 岁时随我先生去国外读书的，我们不希望她把中文丢了，给她买了很多书带过去，但她不喜欢看。我和我先生都是理科生，语言表达硬邦邦的，缺乏温度。女儿虽然数学也挺好的，但更喜欢音乐、动漫，在国内时还是个小书虫，出国后一年多不喜欢看书了。一方面，我们在采取措施激励女儿每个月看一本中文书；另一方面，我自己也想好好弥补文史哲的缺（其实，我是关注您并成为您的微博 VIP 两个月后才知道自己缺的是文史哲）。您能否各推荐几本必读的书？虽然我也读过一些中外名著（小说），但那都是中学时代的语文老师推荐的，现在希望能得到孔老师推荐的书单及阅读顺序。如有必要，我愿意辞职回家，一边陪孩子，一边好好读书。非常感谢。

孔庆东

你叙述问题层次清楚，详略得当，说明具有很好的自学能力和逻辑能力。

针对你们家的情况，我推荐下面这些书籍，供你们参考。

第一是金庸小说。这是一流的中文，也是一流的文学，包含了文史哲等大量人文领域的重要问题。深入阅读金庸小说，不仅有助于保持中国人的民族意识，而且可以获得中国传统文化的最佳精华。

第二是先秦诸子的著作，比如《论语》《孟子》《老子》《庄子》。只要粗略地大概读一遍，立刻就成为“人上之人”，你马上就明白那些芸芸众生是多么的无知和可怜。

第三是《左传》或者《战国策》。读这些古代历史著作，还可以把文言文彻底拿下来。

我推荐的书籍，也许会让你们感觉有难度。你们也可以根据我的思路，选择类似的其他书籍。

只是**所有的阅读都需要坚持**。根据我指点过的其他朋友的感受，坚持一年以上，人就完全不一样啦。

绝招

⊙ **冬灵诗双**

如何做到高效阅读？高效阅读的方法有哪些？

孔庆东

要想高效阅读，首先要老老实实进行长期的低效阅读。

如果你老老实实地，慢慢地，仔细阅读过 20 部长篇小说，那么再读下去，自然就会越来越快，一直快到别人不敢相信。

我讲

⊙ **小猫倩倩 M**

好的方法能让你在学习和工作中受益。你有没有哪些让你受益匪浅的思维方式？

孔庆东

我本周讲鲁迅的思维方式，会让所有人受益匪浅。

庆典之后馈赠乡亲们

⊙ **以柳晓山**

读一本书到底是精读好还是略读好？对于精读与略读又应该怎么去划分？怎么读书比较好？

孔庆东

经典著作，要一字一句精读。

专业书籍，要拿着纸笔用心读。

其他书刊，可以随便大略读读。

我的经验

⊙ **以丹夜梦**

怎么才能不白看一本书?

孔庆东

不动笔墨不读书。

读书一定拿着笔，只要是自己的书，就要一边读，一边勾勾画画。

最好读后写上百十字的感受，就不会白看了。

好像高三就不是人了

⊙ **飞兰醉柳**

高三学生怎么提高学习效率？学习过程中需要注意哪些？你有哪些好的方法推荐呢?

孔庆东

吃饱睡足多锻炼。

第一步很重要

⊙ 一生一个张梦妍

我想看一些书籍，不知道该看什么书呢？

孔庆东

那就从孔和尚的书看起。

孔和尚的书，老少咸宜，雅俗共赏，充满活力，通向八方。

看了孔和尚的书，你就找到了自己的人生坐标，此后自然就明白该读什么书，该走什么路矣。

买椟还珠

⊙ 安彤若灵

平时看了很多书，但是时间长了总会忘记，回忆不起来怎么办？

孔庆东

其实内容忘了也没关系。

读书的总目的，就是让我们做一个有本事的好人。

只要你人好，又有本事，还记住那么多书干啥呢？

吃吃喝喝

⊙ **曼岚傲易**

你是如何养成爱看书的习惯的？

孔庆东

读书甜，读书香，读读玩玩喜洋洋。

习惯不一定是来源于自我强迫，**更多的好习惯，是来源于生命的快乐。**

虽然我喜欢吃吃喝喝，但是书中，不是有更高级的吃吃喝喝吗？

会员福利

⊙ **夜雪傲松**

想开始培养阅读的习惯，怎么做呢？

孔庆东

买几本孔和尚的书。

阅读时拿着一支笔，在上面连写带画，连捧带骂。

两个数据

⊙ **安寒冬云**

看完一本书后应该怎样写读书笔记和读后感？

孔庆东

第一，缩写原文，比例为百分之一。

第二，有啥感想直接喷，然后缩减到十分之一。

配图[1]说明你无知

⊙ **半蕾迎海**

如果你可以完全吸收掉一本书的知识，你会选哪本？

孔庆东

《易经》。

因为《易经》之外，没有书了。

晚上送福利

⊙ **谷波安珊**

你觉得读书可以给你带来什么？

1　此处配图指微博网友“半蕾迎海”提问时，所配的 Markus Zusak 所著小说 *The Book Thief* 图片。因该图片版权归属不明，且对本问答不造成阅读影响，未收录于本书中。

孔庆东

麻烦，危险，刺激。

办法

⊙ **从霜白曼**

每次看书的时候都过于激动，内心无法平静，应该如何处理？

孔庆东

看点文言文书。

听孔老师的

⊙ **云兔影院**

毛主席的哪些书值得读一读？ 感觉毛主席的有些书很难理解，有没有比较浅显易懂的呢？

孔庆东

毛主席的书，都是浅显易懂的。

想读毛主席的书，是好孩子。

但是如果连毛主席的书都说难懂，那学习可能有障碍。

坚持读上三五篇，就入门了。

五部

⊙ **友桃亦凝**

你觉得你读过的最经典的五本书是什么？

孔庆东

《论语》。

《六祖坛经》。

《天龙八部》。

《呐喊》。

《毛泽东选集》。

走进社会的必读经典

⊙ **念梦南风**

哪三本书值得推荐给二十岁到三十岁的年轻人？

孔庆东

巴尔扎克的《高老头》。

钱德勒的《漫长的告别》。

金庸的《连城诀》。

一道数学题

⊙ 幼荷寻云

哪些书籍最适合二十四岁的男生读？你有什么推荐吗？

孔庆东

对于二十四岁的男生，最适合读的就是：

《47 楼 207》。

顺便出一道题：

47207，这五个数字，怎么摆弄，结果正好是 24？

一本经典

⊙ 幼荷寻云

有哪些已经绝版的好书？有没有一些已经买不到的好书呢？

孔庆东

《47 楼 207》。

校园文学经典。

也是两本

⊙ **静珊_诗珊**

适合高中生看的散文集有哪些？

孔庆东

《朝花夕拾》。

《背影》。

还有两种

⊙ **以丹夜梦**

你高中时爱看哪些课外书？有没有值得一看的书籍推荐给高中生？

孔庆东

除了各界推荐的那些中外名著，孔和尚建议还可以读：

《小说选刊》。

《人民文学》。

绝对靠谱

⊙ **锦州绿兰白凡**

有哪些小说让你看完还想看？

孔庆东

《人间喜剧》。

先这样问

⊙ 雨旋冰彤

在《三体》里，为什么人类会如此愚蠢？作者这样设计的原因是什么？

孔庆东

你觉得人类不蠢吗？

当代四大名著

⊙ 千柔小萱

什么书看了之后可以获得满满的正能量？最近心情挫败，想看书获取力量，有哪些推荐的书？

孔庆东

《红日》，
《大刀记》，
《万山红遍》，
《铁道游击队》。

篇幅

⊙ **雁凡念之**

《资治通鉴》和二十四史有什么本质的区别吗？

孔庆东

二十四史太长。

《资治通鉴》简练。

给你推荐四部

⊙ **南冥大大 7**

有什么值得看的书吗？

孔庆东

吴双热的《孽冤镜》，

茅盾的《锻炼》，

郭澄清的《大刀记》，

孔庆东的《井底飞天》。

老掉牙

⊙ **梦桃静曼**

你知道哪些好的现当代诗歌？

孔庆东

谈到现当代诗歌，见仁见智，莫衷一是。

我给你推荐的都是老掉牙的经典，但这些才是真正的艺术精品，是你读一首就进一步的宝贵食粮。

现代：穆旦，艾青，郭沫若。

当代：贺敬之，郭小川，查海生。

[?] 你想不到噢

⊙ 念芹靖巧

为何很多书名看起来毫无逻辑？你见过最毫无逻辑的书名是什么？

孔庆东

最没有逻辑的书名：

《鲁迅全集》。

内容一点也不鲁。

读起来一点也不迅。

而且修订了多少次也不全。

还好意思叫个集！

刚送我的

⊙ **乐珍书南**

你最近正在看的比较好看的小说有哪些呢？

孔庆东

万燕的《猫》。作者刚送我的。

治你的病

⊙ **依瑶千雁**

哪本小说是你读过很多遍的呢？哪本小说是你推荐的值得反复阅读的呢？

孔庆东

《呐喊》。

建议你今生读五遍。

今后你一定不会再提这种“脑残”的问题了。

人人应该读

⊙ **三体 - 弦舞**

你最喜欢的科幻小说是哪一本？

孔庆东

老舍的《猫城记》。

周末答谢本人会员群

⊙ **谷波安珊**

哪些小说是关于出狱和坐牢的？ 可以分享一些比较好的，关于牢狱之灾的小说吗?

孔庆东

《阿 Q 正传》。

还有《红岩》。

经典

⊙ **谷菱灵珊**

能推荐一部言情小说佳作吗?

孔庆东

《玉梨魂》。

三部代表

⊙ **飞槐绮山**

不喜欢看长篇小说，最近想找几部短篇的爱情小说，你有哪些推荐呢？

孔庆东

《闹樊楼多情周胜仙》。

《伤逝》。

《百合花》。

两大类

⊙ **初曼丹萱**

适合中年男女读的书有哪些？

孔庆东

安徒生童话。

皮皮鲁系列。

三个三

⊙ **夜雪傲松**

小说中有哪些暴力美学片段让你觉得惊艳？

孔庆东

三打白骨精。

三打祝家庄。

三打陶三春。

不要白活一场啊！

⊙ **靖荷语风**

有没有什么情节跌宕起伏的推理小说推荐？你有没有读过这样的推理小说呢？能推荐一些你觉得比较值得阅读的吗？

孔庆东

看你结结巴巴提的破问题，就知道你没有吃过什么好的精神食粮。

给你推荐个好东西：

《尼罗河上的惨案》。

你要不知道这部作品，你就白活了。

我们毛泽东时代长大的正常人，都知道。

分几类

⊙ **清风信笺**

毕业以后，参加工作到现在你读了几本书？

孔庆东

细读大概一千多本。

粗读大概三千多本。

翻阅大概八千多本。

真是高智商的问题

⊙ **初露含卉**

十六七岁的女孩儿应该读什么书籍？请问大家有什么适合十六七岁的女孩子读的书籍可以推荐的呢？

孔庆东

请问十六七岁的女孩子应该吃什么饭呢？

大家有什么适合十六七岁的女孩子吃的饭菜可以推荐的呢？

推荐秘籍

⊙ **山菡初瑶**

在职场混了大半年，才发现沟通的重要性，现在想看一些书来提升自己，有哪些书值得推荐呢？

孔庆东

对于提高语言修养，帮助非常直接的书，我给你推荐《毛泽东选集》。

一方面，毛主席的文章很口语化，可以朗诵；另一方面，他本人学养深厚，渊博无敌。读得熟了，你自然可以做到说话的时候，深入浅出。

穿衣服

⊙ **曼岚傲易**

写诗词的时候只要意境好，可以不管格律吗？

孔庆东

穿衣服的时候，可以只管感觉好，不管是否合乎道德规范吗？

旧体诗词的格律，是旧体诗词不可分割的一部分，既然写，就要合乎格律。

但是关于遵守这个格律的严格程度，是有不同看法的，严格一点，宽松一点，不太重要，但毕竟总要守格律。

当然，也并非守了格律，就是好诗了。

这么宝贵的秘诀

⊙ 元灵问薇

如何写一本玄幻小说？ 现在的玄幻小说大都是一个套路了吗？是怎么写出来的呢？

孔庆东

孔和尚告诉你玄幻小说的创作秘诀，记住了哦：

编，编，编花篮，编个花篮上南山。

南山有块棉花田，朵朵开得像牡丹。

金牡丹来银牡丹，银牡丹那个哪哈依呀嗨。

采，采，采新棉，三朵两朵采一篮，

俺把那篮儿送北京，毛主席见了夸奖俺。

夸俺的篮儿编得巧，夸俺的棉花开得艳，谁见了谁喜欢呀啊。

编，编，编花篮，编个花篮上南山。

南山开满红牡丹，朵朵花儿开得艳。

银个丹丹嘿银牡丹，银牡丹那个哪哈依呀嗨。

摘，摘，摘牡丹，三朵两朵摘一篮。

花儿开得多娇艳，姑娘见了好喜欢，

哎嗨哎嗨好喜欢，齐争艳那个哪哈依呀嗨，祖国春色没个边。

有趣

⊙ 采萱元珊

如何将一个平淡无奇的故事讲得有趣？ 你们有什么好的方

法吗？

孔庆东

想想别人会怎么讲，偏跟他们不一样！

最重要的一条

⊙ **元灵问薇**

怎么才能写出一部好的武侠小说？

孔庆东

武侠小说，是最难写好的小说。

因为它包罗万象，需要作者无所不知。

所以你要写好武侠，就先要成为一个极其渊博的人。

我们正在读

⊙ **凝琴芷珊**

我是高中生，语文写作能力差，可以看哪些书来提高呢？

孔庆东

我说一本书，你可能不信，亿万大众都可能不信。所以我要先告诉你，这话不是我说的，而是古代大文豪金圣叹说的，他说，孩子们读了这本书，胸中凭空就会增加许多写好作文的灵感。

这本书就是家喻户晓的伟大文学经典：《水浒传》。

补充一句，我们劝学群的群友正在刻苦阅读。

举一段例子吧

⊙ **曼岚傲易**

你初中写过哪些有文采的作文？可以分享一下吗？

孔庆东

初中时，学校组织全校学生进行“哈尔滨到北京”象征性晨跑，我同桌获得女生组冠军。我在作文里写她：粉衣粉裤，白履白袜，远远从五彩缤纷的云端里跑下，带着一骑红尘，两颊桃花，三百护卫，四海朝霞……

这篇作文顿时传遍了全校。后来我同桌还给她老公背诵呢。

赠诗一首

⊙ **寻桃雁玉**

怎么坚持写完一本小说？

孔庆东

干嘛非要坚持啊？

赠你孔和尚的一首诗：

胸有文章千万篇，无暇落笔亦悠然。

闲来把酒自玩味，不与小人做笑谈。

写着玩吧

⊙ **半蕾迎海**

写的东西不被认可，还需要继续吗？如何才能让自己的作品被别人认可，怎样提高写作能力？

孔庆东

如果你喜欢写，就继续写，因为写东西不是为了被人认可。

如果你是为了被认可，那么你就按照人家的意见，努力去改，也就是了。

不过我看你提问的这几句话，表现出你从思想到语言，都极其幼稚，所以，还是不要管别人的意见，自己写着玩吧。

孔门独家构思

⊙ **夜天白竹**

关于鲁迅的小说应该怎么样写呢？

孔庆东

鲁迅白天是个作家，晚上是个侠客。

他每天晚饭后，穿一身黑衣，疾行数百里之外，手刃一个大汉奸或者大劣绅、大恶霸，又在半夜之前赶回，写一篇杂文，喝一杯牛奶，然后睡觉。

庄稼

⊙ **静丹海之**

怎么提高自身的写作能力呢?

孔庆东

庄稼不收年年种。

水平不高天天写。

分时间

⊙ **山菡初瑶**

写一部小说，该如何开头?

孔庆东

现在，老老实实，平铺直叙最好。

将来，如果你写小说出名了，就不存在这样的问题了。

白瞎这配图[1]了

⊙ **隔壁小书店**

如何写出好的书评？

孔庆东

好好读书，好好思考，好好评论，然后就能写出好的书评。

惊人的努力

⊙ **靖荷语风**

你为写小说付出过什么努力？为了写好一部小说，你做过哪些尝试和努力？

孔庆东

我从小学开始，就像一个职业的福尔摩斯一样，以最大的努力，认真观察和琢磨每一个人。

处处伤脑筋

⊙ **青梦曼容**

写小说都有哪些烦恼？自己写小说时都遇到过哪些困惑？

---

1 此处配图指微博网友“隔壁小书店”提问时，所配的一张意境优美的风景类图片。因该图片版权归属不明，且对本问答不造成阅读影响，未收录于本书中。

孔庆东

看人家写好的小说，似乎很容易。

但是如果自己写小说，就会发现，处处都有困难，处处都有疑惑。

比如如何给人物取名字，这是个大家都容易忽略的问题。

假如你真的动笔写小说，首先呈现在面前的问题就是：每个人物姓什么？叫什么？都是非常伤脑筋的。

金玉良言

看看孔和尚

⊙ **亲妈学堂**

婆婆和我的教育观念不一致，怎么破？

孔庆东

你们俩不一致，不是什么问题。

关键是看看你们的教育观念，谁更接近孔和尚？

接近的那个，就是对的。

三条

⊙ **沐沐小姐 sugar**

怎样纠正宝宝边吃边玩？

孔庆东

第一，大人不要边吃边玩。

第二，吃饭时，收起宝宝的玩具。

第三，大人要吃喝得很香甜，吸引宝宝的注意力。

最实在的建议

⊙ 数码时代全画幅

有哪些适合三岁孩子的童书读物？不要求识字，就是想孩子能够看那种动画书，有什么好的建议吗？

孔庆东

三岁的孩子没有必要读书，连动画书也不必看。

三岁的孩子应该直接看风景，看人生，看大自然，有空领孩子多去动物园转转，多去公园看看，不是比看那些死板的动画书要好 100 倍吗？

经典

⊙ 最烦 3C 产品设计

想给家里的孩子看一些有教育意义的动画片，网友们有什么推荐吗？

孔庆东

最有教育意义的动画，也就是最好的经典动画，比如《大闹天宫》《哪吒闹海》。

从猿到人

⊙ 超级宝贝指南

儿童攀比心理是什么原因造成的？

孔庆东

生物都会攀比，这是生存本能。

儿童尚未脱离动物阶段，当然要攀比。

攀比不是坏事，关键要看攀比什么。

这就是家庭和学校的教育责任了。

要不要上名校？

⊙ 湘江东爸

孔老师，想请教您一个教育问题，关于重点小学的。我们家现在的小区，属于一个很好的学区，孩子可以读很有名的小学，但是房子小，上班远。孩子他妈的意见是，不要刻意去读名校，但是能上还是上，不留遗憾。我想法多一点，想搞清楚名校好在哪里，值不值得读。有一个流行的说法，现在的教育跟以前不同了，上不了好的小学就上不了好的中学，上不了好的中学就上不了好的大学。具体了解下来，读名校有这么几个优势：一是接触面比较广，见识比较多；二是氛围比较好，家长普遍重视教育，学生成绩普遍比较好；三是升学情况好，大多数孩子能进入比较好的初中。当然，也有一些家长的负面评价：一是老师名过于实。这些名校名气大了以后，大办分校，多的甚至办了十几个分校。这样一来，有经验的老师被稀释，实际执教的多是刚毕业的大学生，流动性大。二是师生关系失衡。名校老师显得过于强势，经常性地、略显随意地通过微信群给家长们下发各种指示，有些家长处于一种疲于应付的状态，怨声载道。三是家长过多地介入小孩的学习。名校的老师会布置很多作业，这些作业看上去高大上，可能有助于培养小孩的能力，但是大部分小孩无法独立完成，需要家长大量参与，有些作业甚至是家长主导完成。我还注意到了一个现象，名校的孩子确实有很多才艺，简历很牛，似乎比以前的孩子优秀。但是，我问过几个重点高中老师，他们对现在的孩子评价并不高；问过两个大学老师，他们对现在的学生直摇头。我有一个疑问：是不是现在的小学，特别是名校对小孩子过度开发？孔老师，您掌握的情况更加全面，请问您怎么评价这些知名的小学？相对于普通学校，有哪些优势？又有哪些劣势？

孔庆东

你的提问，总是在进行了一定的调查研究和自我思考之后，这样的提问才更有价值，更有利于举一反三，你应该属于优秀的提问人，也难怪你的围观者总是比较多了。

关于上不上名校的问题，首先要考虑的是，我们是在什么系统内、依据何种标准进行评价的。其次要考虑的是，我们对自己孩子的教育目标是什么。最后要考虑的是，我们自身特别是孩子自身，与学校的匹配度。

目前社会上被公认的名校，你已经分析得差不多了，优势主要在于升学率。所以我们如果主要考虑的是孩子升学，那么读名校就可以获取更高的优秀学校升学率。为此当然要付出种种麻烦。也包括丧失一些不上名校可能失去的东西。

对于大多数家长和孩子来说，如果有机会和条件，我还是支持他们选择名校的。但是这不等于说非名校就一定不好，因为教育最终是落实到个体的事情，个体是可以战胜概率的。

孔和尚小时候，也是有名校的，那是老百姓公认的“好学校”，我们家可以通过关系让我转去名校，但我还是选择了离家近和任其自然两个原则。所以我的小学和初中，都是“差校”。

未来是不可预料的，所以先根据眼前的情况抉择，但又不把这个抉择看死，要随着情况的变化而变化，这可能就是传说中的“优选法”吧。

[?] 孩子的教育，战略上要藐视！

⊙ 石走令鱼

孔老师您好！又逢开学季，想请教您一个关于幼升小的问题。朋友家孩子马上要读小学了，他很焦虑，我想到您的话道理最充分，所以帮他求教。①小学阶段孩子最主要学习和锻炼的是什么？不是具体的知识，应该是什么样的学习习惯？会不会因为学校老师的“不敢教”“不会教”耽误时光？家长相应怎么做？②孩子就此被扔进社会染缸，如何能保留一些纯粹？家长应该怎么引导？③孩子没有报幼小衔接之类的班，在家长辅导下会 100 以内加减法口心算、会背诵一些诗词及通过诗词认识几百字（会写的百字左右）、会拼一些简单的拼音，但这些好像不足以马上应对他的小学开端，就此家长该如何鼓励他尽快适应小学生活？啰唆一堆，烦请您百忙之中答复了。先行谢过。

孔庆东

对于孩子的教育问题，首先要战略上藐视。

孩子就算完全不教育，又能怎样？难道就不是人啦？难道就会挨饿？

花费巨资、呕心沥血教育了，又能怎样？就一定优秀，就一定不会成为王八蛋？

首先，想明白这个问题，不要给自己那么大压力，就不会杞人忧天那么多的环节、细节。

其次，不能说小学阶段不需要学习具体的知识。相反，具体的知识很重要，识字、算数都是重要的。不要考虑教师问题，那样就会无所适从。摊上什么老师就认可什么老师。

再次，教育就是把孩子扔进染缸，这是必须的，也是正确的。你们不需要考虑什么保留纯粹的问题。你们自己难道因为上过学，就泯灭纯粹了吗？

总之，你所提的是“假问题”，耽误孩子的不是尚未开始的学校教育，而恰恰可能就是家长的这些乱操心。比如为什么非要“尽快适应”呢？慢一点适应又怎么啦？

在我看来，你们目前对孩子进行的知识教育，已经够用了，足以衔接以后的知识教育。需要补充的不是知识，而是自信和他信。**要让孩子大大方方、快快乐乐地去迎接任何教育，以自我为主体，以品德为根基。**有了这碗酒垫底，什么样的酒，咱全能对付！

强力推荐

⊙ **平灵冷梅**

七岁的小朋友看什么书比较合适呢，有什么好的推荐吗？

孔庆东

老舍先生的小说：

《小坡的生日》。

陪就是赔

⊙ **侯马幼晴夏青**

现在很多家长会担心孩子的学习成绩不好，是因为从小没有教育好或者是培养好，那么小学低年级的孩子到底需不需要家长陪写作业呢？

孔庆东

陪孩子，陪老人，陪领导，这里的“陪”字，很恶心。正常的人，没病没灾的，陪什么陪？写作业，是学生自己的事情，也没有什么危险，为什么要陪？

中华民族的一代人的青春和美德，已经陪进去啦！

立竿见影

⊙ **千柔小萱**

如何从小培养孩子的学习兴趣？ 有哪些方法可以让孩子有学习兴趣呢？

孔庆东

让孩子学了什么东西之后，马上就能用来获得乐趣。

45 年前

⊙ **平凡冷雁**

你会逼迫自己去做某些事情吗？你曾经逼自己到什么程度？

孔庆东

小学四年级，学校派我到区里讲故事。一千多字的作品，校长问我能背下来吗，班主任说，他十来分钟就能背下来。我不能让班主任说话不算话啊！于是就强迫自己十分钟背了下来。

非常实用

⊙ 青旋宛筠

五年级的学生语文差怎么办？

孔庆东

读《水浒传》。

看看前人

⊙ 小达人看热点

普通家庭有无必要花高价让孩子出国游学？

近日，杭州的孙女士花了三个月工资，送六年级的儿子参加学校组织的英国游学。每年寒暑假，孙女士都会陪儿子在国内旅游，但出于时间和经济考虑，没去过国外。“我是被逼急了，现在才知道，小学六年，全班只有儿子一个没出过国。”孙女士说，每次开学，同学都会交流假期生活，分享出国经历，儿子插不上话。孙女士的苦恼在工薪家庭普遍存在，如今不去游学的中小学生似乎成了“异类”，你对此怎么看呢？

孔庆东

当年有一群年轻人都出国了，只有送他们上船的那位，一直待在国内。

这位同学的名字叫：

毛润之。

睥睨

⊙ **飞兰醉柳**

孩子现在上六年级，暑假后升初一，有攀比心理想买手机怎么办？

孔庆东

告诉孩子，高贵的人，不用手机。咱家的钱，可以买一百部手机，以后上了高中再买，现在要蔑视那些被手机绑架的人，做一个睥睨群雌的高贵之人。

虚与实

⊙ **大宁如风亦旋**

我现在初一下学期，天天虚度光阴，成绩一般，怎么努力学习呢？

孔庆东

怎么努力学习，跟初一高二啥的，没有关系。

成绩一般很正常，虚度光阴才可耻。

那就把你认为虚度的那些光阴，都充实起来吧。

听话的话

⊙ **绮晴孤容**

孩子一到暑假就玩个不停，暑假作业都是最后几天才补的，怎样让他好好地在暑假自学呢？

孔庆东

关键在于孩子听你话还是不听你话。

如果不听你话，那怎么说都没用。

如果听你话，那么就规定，必须写完作业才能玩。这样，有出息的孩子，一两天就会把暑假作业全部写完的。

青葱

⊙ **人民日报**

14 岁，是渐渐褪去稚气，从孩提走向青春的年纪；14 岁，是树立理想目标，开始为梦想奋斗的起点。回首五四百年，中国青年用青春之我创造青春之中国。你的 14 岁是什么样的？

孔庆东

1978 年，我 14 岁，上初二。

我加入了中国共产主义青年团，担任了校学生会主席。

我还收到一封情书，字迹拙劣，错别字很多，我感觉丢脸，就给烧了。

[?] 谁也没义务哄你

⊙ 考完会计爱上法律

孔老师您好，对于国家大幅度增加中小学文言文篇幅您怎样看待？孩子如何真正接受并喜欢上文言文呢？谢谢您！

孔庆东

前天中午，我与温儒敏老师见面，还谈到了近期一系列的语文改革问题。关于文言文的学习数量，我是这么看的：

在鲁迅时代，有资格和能力上学的孩子，从小就学的是四书五经，所以长大后进入新式学堂，应该减少文言文，多学白话文和西方科学知识。

新中国成立之初，扫盲是文化建设的重中之重，所以也应该多学白话文，少学文言文。

现在我们进入了一个文化建设的新时代，人民都识字了，但是却大面积“不会说人话”了——你随便看看微博评论就明白了。这就有文化传统断裂之虞。

教育的内容可以增加趣味性，但是教育的目的不是迎合孩子的喜欢，不能以学生是否喜欢为标准！

文言文必须大幅度增加，考试方式也可以适当改革。乐趣存在于学习过程，而不是事先许诺的糖水。

你要想活着，还想活得好，那么你自己去寻找人生的意义，自己去寻找人生的乐趣。找不着，活该。

真正懂得人生乐趣和学习乐趣的人，才会如同你的网名，“考完会计爱上法律”，人生处处，都是幸福的港湾也。

非也

⊙ 逗梗说事儿

学生时代，你上哪一节课最容易打瞌睡？

孔庆东

我上课从来不打瞌睡，上课是我最精神的时候。

教材

⊙ 凝琴芷珊

初三毕业后，暑假期间该怎么预习高中知识？

孔庆东

搞一套最新的高一教材，粗读一遍。其中语文和英语，多用点时间。

快感与脾气

⊙ 用户 5400676112

孔老师，我女儿现在高二，理科生，数学成绩 80~90 分，上辅导班效果差。她本人理解慢，脾气暴。想提高，该咋办？

首先，学习成绩中等，在集体中排名第 15 位到第 40 位的学生是大多数，正是这些人构成了社会的主要成员，是我们国家各条战线的栋梁。所以要理性地看待这一现象，我们自己的孩子属于这一人群，有什么不能理解的呢？

在这样一个宏观认识的前提下，希望自己的孩子提高成绩，这也是人之常情，但是一定不要操之过急，更不能求之过高，要知道不是每个人都能成为排名前十的优秀学生的。我也遇到不少排名前十的孩子的家长，忧心忡忡地问我："孔老师，我们的孩子怎么才能进入前三名啊？"你说这不是吃饱了撑的吗？

数学成绩不好，可能跟天分有关，也可能跟从小缺乏数学训练有关，在生活中是不是很细致、很细心，与数学成绩有很大的相关性。比如，孔和尚从小就想着，能不能用一分钱买到两分钱的东西？能不能用一个鸡蛋撞碎同学的十个鸡蛋？所以像我这样的人，数学是不可能不好的。你家闺女生活中可能没有这样强烈的数学需求，所以让她机械枯燥地去做那些数学题，她当然越做越心烦了。再说高二的数学，已经离生活实际很远，让孩子现在建立数学与生活的联系，也已经比较晚了。

所以我看此事不能着急，而应该立足于让孩子长期地、有耐心地坚持，每天多做几道题，每天与数学搏斗，不求短期提高成绩，而是在搏斗中获得一点数学的乐趣。在中学的各门学科中，孔和尚是最喜欢数学的，因为每做完一道数学题，就获得一种掌握真理的快感。能不能让孩子多多少少感受到一点儿这种快感呢？

如果能够坚持这种快感训练，也许半年之后，孩子不但数学成绩会有明显提高，而且脾气也会变得柔和不少了呢。

答谢乡亲们投票！

⊙ **醉易元容**

如何正确看待考试分数？你认为考试分数有多重要？

孔庆东

分数问题，要跟自己比，不要跟别人比。

学习法宝

⊙ **青旋宛筠**

你高中时是怎么学习的？

孔庆东

预习，预习，预习。

笨鸟先飞，何况一个笨和尚呢？

顺口溜

⊙ **耀哥 CheckNow**

上学的时候，在班上你是个怎样的人？

孔庆东

身体好，学习好，工作好。

调皮捣蛋也不少。

天天盼高考。

生物

⊙ **晓灵亦巧**

高中时哪一堂课让你印象深刻？

孔庆东

有一堂生物课讲评试卷，我指出有一道题出错了。但是生物老师抵死不承认，理由是：“咱们堂堂哈三中，怎么会出错题呢？”我从此非常看不起这位老师也。

三个难忘

⊙ **阿狸 - 魔法兔子**

那些年你跟同桌做过什么至今难忘的事？

孔庆东

我有过很多同桌，其中三个最难忘。

小学二年级，老师分给我一个愚昧而霸道的女同桌，被我打跑了。

初中二年级，我经常帮助我的女同桌，使她的成绩保持在前五名。

高中二年级，我到了文科班，与王肖麟同桌，他是我最好的朋友。参见《遥远的高三八》。

选上的

⊙ **初翠梦曼**

“学神”与“学霸”之间的差距是怎样引起的？是思维还是方法？还是说天分？“学霸”要怎样才能成为“学神”？

孔庆东

你听说过哪个凡人经过刻苦努力、顽强拼搏，最后变成神仙、考上神仙或者被选为神仙了吗？

所以跟神有关的事情，就不要妄想路径啦，那不是差距不差距的事儿，一个普通美女，跟维纳斯之间，是差距的事儿吗？

努力学习，当个“学霸”就行了。也许有一天，你什么也没多做，忽然发现，大家都认为你是“学神”了。

困惑

⊙ **绿柳采柳**

总的来说， 你觉得初三和高三哪个更有压力？在学习压力大的时候，你会怎么做？

孔庆东

看表面，似乎高三更有压力哦。

我没有学习压力大的时候。我说的都是别人。我始终不明白，学习这么快乐的事儿，怎么还有压力！

胡说

⊙ **逗梗说事儿**

假如回到高三你会做什么？你对那个艰苦卓绝的岁月有哪些遗憾？

孔庆东

胡说八道，高三有什么艰苦卓绝的啊？

高三每天跑跑步，看看书，对对联，猜谜语，上课捣乱，下课说笑，然后就静静等待着北大的录取通知书，那么幸福的日子，咋还被你给污蔑得那么不堪呢！

最重要的

⊙ **尔云初蝶**

高考已经进入倒计时，应该如何准备最后的冲刺？

孔庆东

都到今天了，还冲啥刺啊？

你唯一能够再战胜一批竞争对手的机会，就是这两天他们因为太紧张而出现各种事故。

所以你不必胡思乱想瞎忙活了，今天把考试的一切东西准备好，轻度锻炼身体，听听音乐，最重要的一件事，一定要读一遍孔庆东的那篇雄文：

《温酒一杯话高考》。

没听见

⊙ **初柳怀莲**

高考结束打铃的那一刻是怎样的体验？

孔庆东

我都是提前交卷，没有听到过结束打铃也。

有点遗憾

⊙ **逗梗说事儿**

高考对于每个人来说都是很重要的，那么当要出成绩的时候，你是怎样的心情，高考出成绩那晚你做了什么，关于高考你都有哪些遗憾？

孔庆东

那天晚上我吃完饭，听广播，然后看书，然后睡觉。

参见《温酒一杯话高考》。

三等人

⊙ 小达人看热点

你当年高考后是怎么选的专业呢？

孔庆东

一等人，高一高二就把专业选好了，高考只不过是取票上车。

二等人，高考前夕也把专业选好了，有多少钱，买多少肉。

三等人，高考之后才选志愿，那么不论你选什么志愿，即使你考上了北大中文系，你也已经没什么出息了，你不过是去陪别人读书而已。

幸福

⊙ 逗梗说事儿

高考没考好之后的人生是怎样的，高考是否一考定终身？

孔庆东

啥叫高考没考好啊？你平时的实力是 60 分，高考你得了

61 分，那就应该烧高香了。高考没考好的，是孔和尚这种人，平时具有绝对的状元的实力，结果只考了全省第二名。不过我这几十年来，过得非常幸福哦。

三件事

⊙ 学渣学妹他学弟

高考之后，你打算怎么度过呢？三个月的时间你打算出去玩还是继续学习提升自己？

孔庆东

当年孔和尚高考之后，做了三件其他人都不会做的事情。

第一，我到建筑工地上当了 20 天小工，这件事已经在很多地方说过了。

第二，我假设 9 月 1 日还要进行一次高考，于是用一个月的时间，把中学的知识又全部复习了一遍。

第三，根据我打听到的北京大学的有关情况，进行了一些有针对性的准备，特别是深入了解了一下北京大学的历史。

还用问吗？

⊙ 我们的感情酵素

香港人应该选择香港大学还是北京电影学院？

孔庆东

当然应该选择北京电影学院啊。

一个青年人，老憋屈在自己的那个城市，就等于井底之蛙。特别是上大学这件事，其实上的不仅是一个学校，而且也是一座城市。

只有当你到外地待一段时间，才能更清楚地看清自己的家乡到底是怎么回事。

你不行

⊙ 如如不动85

河北贫家女孩707分考入北大，写文章称“感谢贫穷”，你怎么看？

孔庆东

不是所有贫家子弟都能刻苦学习。

这孩子很有格局。

其实她应该感谢自己，感谢自己的意志和智慧。

平衡

⊙ 语儿问芙

上大学后，这学期才开始有对不同知识的强烈渴望，于是读书，但是随着自己眼界慢慢开阔，焦虑感和恐惧感也慢慢产生了，请问该怎么办呢？

孔庆东

知识的增加，好比往自己怀里装钱。装多了，怎么能不恐惧呢？

所以，随着知识的增加，一定要与他人交流，并且拿出知识来为社会服务，这样就心安理得了。

这位大专生

⊙ 真的为你选择阿福 plus

23 岁大专生，日语零基础，该去日本留学吗？

孔庆东

曾经有一位大专生，名叫周树人。

他是 21 岁去日本留学的，比你小两岁，日语零基础。结果学医没学完，学文也没有成就，于是就回国当了生物老师。又混了几年，就到教育部当了科长，每天吃吃喝喝，感觉很无聊，于是一咬牙，就当了鲁迅。

妙招

⊙ **以丹夜梦**

如何避免荒废大学生活？ 大学生要怎么做才能过一个充实的大学生活？

孔庆东

认真读一遍《大学》。

我这人比较花心哦

⊙ **公益之星**

假如再给你一次机会，你还会选择现在的专业吗？

孔庆东

再给我一万次机会，我都还会选择现在的专业：

北京大学中文系。

北京大学中文系。

北京大学中文系。

基本建议

⊙ **依瑶涵菱**

大学的学习委员应该怎么做？ 大学的学习委员如何与同学

相处？你们有什么好的建议吗？

孔庆东

第一，自己学习好。

第二，经常联系老师。

第三，搜集同学的问题转给老师。

第四，搜集各种学习信息提供给同学。

第五，适当组织学习活动。

知识并不重要

⊙ **曼岚傲易**

在校大学生除了知识还应该学会什么？

孔庆东

其实大学里也没有多少知识好学，学完了，大多数也是过时的。

大学之道，在明明德，作为一个大学生，首先应该学习如何做人，因为大多数中学，已经把做人的事情给忽略了。

孔和尚最聪明

⊙ **逗梗说事儿**

大学上课一般你都坐哪儿，你会坐前排吗？

有人把大学教室分成“学霸专区”“聊天区”“游戏区”等。其实，坐前排，代表的是积极主动的学习态度。坐在前排，听课效率会大大提高，看课件更清晰，与老师交流互动也更方便。当然，让学生爱上前排，也需要老师努力打造精彩的课堂。那么你会坐前排吗？

孔庆东

我一般都坐在“学渣区”，把一部分“学渣”开发成“学霸”，把另一部分“学渣”培养成“保镖”。

明确

⊙ 笑晴书瑶

二十岁的你是否人生目标明确？你今年二十岁吗？你的人生目标明确了吗？

孔庆东

十五岁我就决定了：
要在北大中文系工作。
四十年过去了，
我还在北大中文系工作。

三个重点

⊙ **静珊_诗珊**

大学生在大学里的重点是什么？

孔庆东

第一，要学会怎样学习。

第二，要学会怎样待人。

第三，要学会怎样爱国。

思维疏漏

⊙ **亦瑶亦瑶**

有人说“什么年纪看什么书”，你对这个观点是否认可？说说你的理解。

孔庆东

应该反过来思考。

有些书，年纪太小读不懂，或者不适合青少年。

而有些书，是跨越年龄的，只要认字，就都可以读。

应该付费提问啊

⊙ **凝琴芷珊**

你在上大学的时候做过哪些事情呢？你是怎么度过你的大学生活的呢？

孔庆东

上课，看书，锻炼，吃饭，睡觉。

惨象

⊙ **乌审旗依玉涵双**

大学存在的意义是什么？在你看来，你觉得大学存在的真谛是什么？

孔庆东

人长到十八岁左右，就会自己发现世界的真相。

为了避免这一惨象的发生，人类发明了大学。

总的原则

⊙ **飞槐绮山**

大学期间，如何和同学相处？和同学相处要注意什么？

孔庆东

对待同学，要像春风般的温暖。

真诚友善，助人为乐，开朗大方，宽容礼让。

再来一次

⊙ 孤晴灵凡

你的大四生活是怎么度过的呢？

孔庆东

读了二百多本书。

当了一次优秀三好学生。

远行旅游一次。

挣了几百块钱。

谈了一次恋爱。

考上了研究生。

希望再来一次。

择校标准应该是什么？

⊙ 我要做学霸 123

去日本留学选中国人多的学校好呢，还是中国人少的学校好呢？

孔庆东

挑选留学学校的标准，不应该是中国人多和中国人少，而应该是，该学校在其国内的排名。

日本是教育发达国家，一般来说，根据你自己的学习水平和考试能力，选择其排名前30位的大学都可以。

只要你是真心去学习的，中国人多不多，又有什么关系呢？

孩子，你问错啦

⊙ 我们的感情酵素

应届生，如果想考研，选重庆大学还是北京科技大学？

孔庆东

孩子，你好像没有听说过孔和尚这句名言哦：

本科看学校，硕士看专业，博士看导师。

所以要考研，首先考虑的不是学校，而是你要考哪个专业，以及该专业在各个学校的排名情况。

好高可以，不要骛远

⊙ 初露含卉

大一准备考研究生应该从哪里入手？大一准备考研究生需要注意什么？

孔庆东

准备考研究生很好，但是大一的时候先不要忙，先立下这么一个志向就可以了，目前的主要任务是学好本科课程，好比不要小学生就学高中课。

等到大二的时候，再了解一些关于考研的具体事项。

真正的考研准备，从大三开始就可以了。

貌似调侃

⊙ **沛岚雨珍**

非法学研究生复试需要如何准备？

孔庆东

不管你学什么研究生，一定要依法去学，不能非法去学！如果采用非法方式，去学习研究生课程，必然会发生严重问题。

不要把这简单看成一个调侃哦，答案就在调侃中呢。

偷着乐

⊙ **老夫特殊的爬烟囱技巧 plus**

准备考研期间觉得太孤单了，该如何调节自己？

孔庆东

考研大军，这个词儿你知道吧？

成千上万的青年，都跟你一样，在为考研奋战呢，只不过你们不是在一个房间里奋斗而已，你应该看得见他们各种各样的身影。

特别是他们其中的一部分，因为有人陪伴，所以荒废了光阴，不能集中精力，那就正好给你拓宽了道路。

所以你应该高兴啊，一边偷着乐，一边踩油门吧。

摸瞎

⊙ **青梦曼容**

为什么有的人会选择继续读博？读完博士以后有什么人生规划吗？

孔庆东

一部分人是喜欢科研。

大部分人是误以为读博之后更好找工作。

至于人生规划，都是盲人摸象而已。

条件

⊙ **梦寒芷蕾**

在条件允许的情况下，并且有一个出国留学的名额，是否应该去争取？

孔庆东

如果是锦上添花的事情，当然可以争取。

如果要付出某种代价，就需要理性抉择。

百毒不侵

两条路

⊙ **用户 6074127513**

我今年 36 岁，初中学历，想学点东西，我学什么好呢？

孔庆东

这种情况，一般已经不能学习高难知识了。

可以分两条路思考。

一是根据自己的工作性质，学一点专业。例如你是司机，就学习车辆驾驶知识。

二是发展业余爱好，学点文史哲、音体美什么的。

笑傲

⊙ **拾光书屋**

买书的花费占据你每个月总支出的多少？

孔庆东

我现在基本上不买书。

家里的一万多本精品书，够我读到一百岁了。

另外还源源不断有人给我寄书。

人活到这个境界，才叫笑傲王侯。

有“标答”吗?

⊙ **巩高峰**

你用什么姿势看书觉得最舒服？有人喜欢躺着，放松；有人喜欢正襟危坐，有仪式感；有人喜欢坐在马桶上看，这是童子功，比如……我。

孔庆东

看不同的书，可以有不同的姿势，可能在当时的情况下都是舒服的。

但是不论采取何种姿势，都不要时间太长，适当换一换姿势，才是最舒服的。

无字

⊙ FitMen 六六

身材跟颜值哪个更重要？

孔庆东

身材好不好，没有一定之规。环肥燕瘦，各有所爱。

颜值高和低，更是见仁见智，令你满心欢喜的，我可能只觉得恶心。

所以最好放弃这两个指标。

把身材，改为身体素质。

把颜值，改为精神面貌。

整明白

⊙ 浦东男小歪

先成家还是先立业?

孔庆东

立业是没有标准的，也是没有期限的。

所以应该先成家。

当然，这里的成家，指的是结婚，建立家庭，而不是说要成为一名科学家。

方案

⊙ **平凡冷雁**

觉得上班很枯燥，打算辞职后去旅游，好好地耍一下，这样真的好吗？

孔庆东

光上班不旅游，就会枯燥。

但是辞职了去旅游，又会无聊。

最好是不辞职，利用假期去旅游，哪怕是请假去旅游，你就会觉得工作也不是那么枯燥了。

看啥

⊙ **爱情啊爱情的微博**

一个人的能力和人品你觉得哪一个更重要呢？

孔庆东

人们都会说人品更重要。

我也同意人们的说法。

但是要注意，人品不是立场，更不是看其怎么说。

开始

⊙ 依凝忆灵

大学毕业，但是自己什么都不会，该怎么办呢？

孔庆东

大多数大学生都这样，你并不是唯一的。

大学毕业，真正的人生大学才刚刚开始。

不必自卑，从头开始，认真学习就是了。

虚妄

⊙ 逗梗说事儿

有社交恐惧的人如何交朋友，你觉得是独处好，还是去交大量的朋友好？

孔庆东

不论你是否有社交恐惧症，一个人应该既能独处也能够交朋友，**如果你觉得有所谓社交恐惧的话，那就更应该努力去交朋友。**其实朋友交多了，你就会发现，没什么可恐惧的，原来的担心都是虚妄的。

远离了什么？

⊙ **访琴书芹**

为何长大以后和好朋友联系得越来越少了？

孔庆东

所谓长大了，有时候就是越来越远离人性的托词。

拐弯

⊙ **易烟南莲**

你被闺蜜骗过吗？ 有些时候自己最亲近的人反而是欺骗自己的人，大家有被骗过吗？

孔庆东

我没有闺蜜。

但是我被别人的闺蜜骗过。

寻找秘诀

⊙ **芙蓉营养师**

有哪些营养知识是你想知道的？

孔庆东

我一直在寻找这样的营养知识：
每天大鱼大肉，
健康快乐长寿。

养生主

⊙ **冰香幻枫**

对于庄子养生，你都有哪些看法呢？

孔庆东

我基本上就是按照庄子的思想来养生的。

总体上来说，就是任其自然，打破名目，逍遥自在，游于万物。

俺的宵夜史

⊙ **喵星人的轶闻世界**

吃宵夜可以让人心情愉悦、降低脱发风险，这会成为你吃宵夜的理由吗？

孔庆东

上大学之前，不吃宵夜。

本科时，宵夜主要是方便面。

研究生时，改为馒头和肉。

当老师后，宵夜就是把剩下的晚饭吃光。

21 世纪以来，慢慢改为各种小吃。

党的十九大之后，响应中央八项规定，克服腐败思想，逐渐停止宵夜矣。

风浪

⊙ **笑晴书瑶**

年轻人太虚了，有什么办法可以养生？

孔庆东

年轻人养个什么生！没出息。

年轻人要积极锻炼身体，到大风大浪中去！

迫不得已

⊙ **婚礼圈圈圈**

对象比自己学历低你能接受吗？

孔庆东

俺的学历是：

北大本科。

北大硕士。

北大博士。

外加中央党校进修班。

如果不接受学历比俺低的对象，洒家就只能打光棍咧！

女人

⊙ **小钕吖 21843**

什么样的男人才是好男人？

孔庆东

请阅读一下孔庆东《俺心目中的好女人》，就明白他认为什么样的男人才是好男人啦。

总路线

⊙ **乐珍书南**

如何与直男相处？

孔庆东

心思要细。

胸怀要粗。

岂止一个

⊙ **是肆析吖_**

有没有曾经遇到过一个将你温柔以待的人？不一定是恋人，也可能是朋友、同学，或者陌生人。他们将温柔当作本能，当他将你温柔以待时，你会觉得，你被世界所爱着。

孔庆东

那太多啦，简直是成千上万。

我遇到的差不多每一位孔粉，都对我非常温柔，都把他们最美好善良的一面展现在我的面前，让我觉得，我是被全世界所爱着哩。

听孔大师的

⊙ **凝天静枫**

和自己交往多年的男朋友突然想要分手，应该怎么办？

孔庆东

果断答应，马上分开。

如果他是一时冲动，那么他还会来找你的。

如果他已经深思熟虑了，那么犹豫只会增加痛苦。

学习圣人

⊙ 紫槐寻真

女朋友长得很好看是一种什么样的体验?

孔庆东

当年洒家曾经有个女朋友，非常漂亮，属于那种走到哪儿都一片惊艳的。洒家感到非常不舒服，好像自己人格有什么缺陷似的。

忽然间就明白了有些圣人为什么不喜欢那么漂亮的老婆，为什么非要休掉她们。

于是后来，为了革命事业的发展，我就学习了圣人。

优势资源的利用

⊙ 梦桃静曼

高个子女生怎么找男朋友?

孔庆东

一般的高个子女生，都想找个比自己更高的男朋友。

这可以理解，但这是庸人思维。

你们没有想想，这样子的话，自己的优势就贬值啦。

应该找个比自己稍微矮一点的男朋友，他会心里非常甜蜜，把你当成仙女的!

为了女儿的前途

⊙ 盼山南风

父母反对远嫁，应该怎么样劝说？我们 2013 年认识，在一起两年半，跟父母坦白了恋爱的事，可是我爸态度坚决，外省的绝对不考虑。该如何和父母沟通？

孔庆东

跟他们说：

宋氏三姐妹，都是远嫁的。

冰心是远嫁的，许广平是远嫁的。

一切有成就的女学者、女科学家、女政治家，都是远嫁的。而且，幸福率非常高。

三招

⊙ 拾点文刊的微博

在对方不知道自己喜欢她的情况下，该怎么来聊天呢？

孔庆东

有三种办法。

一，帮助她干点小事儿，她往往就会先开口。

二，发现她的特长，在她特长的领域内，提一个小问题。

三，揣摩她的性格，根据揣摩出来的她的性格与爱好，提起一个话头。

例如：你爱吃臭豆腐吧，对面那家的臭豆腐真不错，我请你去吃吧。

可能判断失误

⊙ Never-believe

说话很高冷，一直在逃避我们两个之前的关系，我该怎么做？

孔庆东

不要自作多情。

对你高冷的，可能对别人很热情。

不愿意搭理你的，不是逃避，而是本来就跟你没什么关系。

老王的微博私信里，经常有女粉丝说老王在逃避跟她的关系。老王拿给王嫂看，说：你动不动就说我烦人，你瞧，这么多人都说我很高冷呢！

不一定噢

⊙ 戴云研

是不是跟一个人在一起越舒服，那个人就越难忘？

孔庆东

不舒服也很难忘啊。

按照黄蓉的说法，两个人越多一些稀奇古怪的经历，就越难忘。

六心诀

⊙ **那要看你怎么吵**

恋人之间的距离感是怎样的？如何拿捏恋人之间的距离？

孔庆东

恋这个字，上亦下心。

对方的心，也是你的心。

再恋的人，也要将心比心。

万不可，自我中心。

何必

⊙ **光复那年**

如果你喜欢上了一个不该喜欢的人，该怎么忘掉他？

孔庆东

不一定非要强迫自己忘掉。

可以调整喜欢的方式，不要固执地非得达到什么结果。

比如我喜欢桂林山水，我知道不可能带回家里，我也不可能到桂林落户。那么我就有机会去看看，看的时候保护好环境，多用点心思。

何必忘掉呢？

非常有趣

⊙ **就是姜玉珠**

有一个化学系的男朋友是什么体验？可图可文字，要有趣的灵魂。

孔庆东

他会经常给你配平，你会经常担心自己的化合价。

教你一句

⊙ **99 木马上的旋转时光**

怎么夸微胖女生？

孔庆东

你是怎么做到瘦得这么恰如其分，再减一分则柴的？

不需要

⊙ 语蝶涵菱

大学期间到底应不应该谈恋爱？这一直都是一个有争议的话题，一起讨论一下吧。

孔庆东

这不是一个需要争论的问题。

就像森林在春天应该不应该绿起来，这不必争论。

有的树绿了，不需要反对。有的树没绿，也不需要嘲笑。

高级

⊙ 两性胡说

有的男生有了女朋友之后，却不愿意向自己的朋友公开她，为什么？

孔庆东

对待宝贝有两种方式。

一是赶紧嘚瑟，炫耀于人。

一是秘不示人，自己欣赏。

啥子情

⊙ **代玉 94731**

夫妻之间没感情能白头到老吗？

孔庆东

可以没有所谓爱情，但是不能什么感情都没有。

白头到老，主要靠的是：

夫妻情。

这样

⊙ **大宁如风亦旋**

如何追求一位成熟女性?

孔庆东

自然，

大方，

本色，

不装。

正能量

⊙ **千柔小萱**

我一直都很爱我的前女友，后来才发现她已经结婚了。我该怎么办？

孔庆东

相爱的人不一定要结婚，懂得爱就是一种幸福，好好珍惜你的这份念念不忘，反思自己的缺点，激励自己进步。

不同

⊙ **亦瑶亦瑶**

离婚对一个人的影响有多大呢？生活会有什么不同呢？

孔庆东

对于不同的人，影响程度也是不同的。有的人会刻骨铭心，有的人痛苦一段时间就过去了，而有些人离婚几十次，每次就跟换一辆自行车差不多吧。

什么是坦诚？

⊙ **情感聚焦若雁**

每个人心里都或多或少有秘密，那么面对恋人时，我们是否应该全部坦诚呢？

孔庆东

恋爱的程度，可能存在一万种差别，有些人今天恋爱了，明天就分手了，也有些人虽然能够白头到老，但是一直同床异梦。所以对恋人和爱人保有秘密，这是应该的。我们说的坦诚，指的是人格上的坦诚，而不能狭隘地理解为，要把自己知道的所有事情都唠唠叨叨地拷贝给对方。

这既是为了尊重你们的感情，也是为了尊重对方。特别是那些涉及其他人的重要隐私，或者关系到党和国家利益的重大秘密，决不能说。

英雄

⊙ **绮烟夏波**

喜欢上了一个有男朋友的女孩，是继续等待还是默默放弃？

孔庆东

老虎从来不会去抢其他老虎的食物。

这就叫英雄气概。

往前走

⊙ 情侣同居后

和女友异地恋，她说累了，然后把我删得一干二净，是否应该放手呢？

孔庆东

好虎不吃回头食。

不必去追问任何原因，干脆潇洒地继续往前走，前面还有很多好风景。

怜我世人

⊙ 岁月长00衣裳薄

我们应该怎样谈恋爱？

孔老师好！我是您的粉丝，一直默默关注您，特别敬佩您。近期因遇到情感问题，特来向您请教。我由于性格孤僻内向，不善沟通表达，以致感情路不顺，有的问题想不通，偶然通过网络发现一些情感咨询机构。这些情感咨询机构里面大都是心理学专业人士，说他们这个机构是情感大学，说爱是一种可以被学习的能力，有脱单、挽回、自我提升、婚恋长期关系维护等课程。这些心理学专业人士，从男女不同心理状态和人性特点去客观分析感情问题，然后用或避开或迎合或引导对方的方式去解决这些相处中的问题。有不少人因为舍不得前任，用他们的方法去挽回，表示“效果显著”。我也在听他们的课程讲解，感觉有些问题确实如他们所说，而这些问题的解决方法，并不是个人原生性格下会做出的举动，但却会有“良好效果”，觉得很矛盾。而这些专业人士说，这是科学地维护两性关系，长期关系的核心是匹配，价值匹配、相处模式匹配、沟通方式匹配。比如挽回这方面，并不是双方不爱对方，只是因为他们相处中发生的根本问题没有得到解决以致他们越走越远。如果是你不够好，比如暴力沟通、语言暴力、不示弱等，你就得提升改变自己，然后你们可以再次彼此吸引，再次恋爱，但爱情不能原地复活，对方爱上的是新的你。提升改变确实痛苦，但如果不能提升自己，眼光到了，能力没到，你就只能将就，因为你不可能用相同的自己得到不同的未来……话好像没有毛病，但是又好像跟我们传统观念里面的爱情观不同，像这样，在一段想得到的感情里，我们通过什么时候控制情绪、什么情况下用什么方法、什么时候控制付出等行为谈出来的恋爱，还是爱情吗？现实生活中，在没有这样“外力相助”的情况下，自然发生的爱情好像更多的是不理想的结果。在现如今的社会，我们又该怎样谈恋爱以获取幸福呢？

孔庆东

你叙述得非常清楚。

你的听课能力、归纳能力、转述能力，都是80分以上的。我判断你如果继续听他们的课一年以上，你也可以成为“情感专家”，也可以指导人们去有计划、有组织地“勾搭”异性甚至同性了。

我之所以这样带有调侃意味地说，是因为你已经指出了一个重要问题：使用技巧得到的感情，还是“爱情”吗？

在这个问题上，其实你我已经不谋而合，所以我才答复你的这个提问，而且是这样答复。

那些专家提供的技巧，确实很多是有用的和有效的，那些技巧我也可以提供。但关键的问题在于，那样得到的只是一个“打卡”式的结果。就好比通过某种技巧，可以考试满分，但实际上很多题你根本不会。

而现代社会的大部分专家，就是指导人们考试过关的。你有没有实际能力，不在考虑之列。

按照这些专家的指导，李逵可以娶到林黛玉你信不信？

但是，李逵娶了林黛玉，又能怎么样呢？肯定还不如焦大娶了刘姥姥幸福。林黛玉每天写两首《板斧吟》《铁牛诔》什么的，还不把李逵气死？

当然，我们不能全盘否定那些心理咨询专家的工作，其中也有比较靠谱的部分，类似于以前街道工作人员和工会主席干的那部分，还是成立的。

拿我的专业来比方吧，专门依靠技巧，能够写出好作品吗？有一些优秀作品，技巧并不好。但是那些非常讲究技巧却没有真情实感的，肯定是垃圾作品。

爱情也是这样。技巧得来的，肯定不是爱情。当然不是爱情也未必就没有价值，一对夫妻互相使用技巧一直彼此忽悠到老，也是挺幸福的哈。

但是对于你这种有点贪心的人来说，总觉得人生哪里出了什么大问题，是吧？

宁可找一个经常吵架的爱人，也不找一个经过专业训练的情感按摩师，这才是有追求的高雅的人。

当然我们也要宽容世人啦。怜我世人，忧患实多嘛。当

90% 的人实际上不可能有爱情的时候，也就不必老唱高调了，学点技巧凑合着过日子，也算是为社会和谐稳定做出了很大贡献吧。

自由

⊙ **飞兰醉柳**

你觉得结婚意味着什么？你觉得结婚后会面临哪些问题呢？

孔庆东

结婚就意味着交出你的一部分很重要的自由。

婚后发生的一系列问题中，最主要的就是，对你交出去的那部分自由的讨价还价。

和尚说

⊙ **用户 70090417**

一段感情中，爱得很累怎么办？

孔庆东

佛说，背不动，就放下。

孔和尚说，轻拿轻放。

斑马线

⊙ 情感创意

你今生是否遇到过让你怦然心动的异性？

孔庆东

经常遇到你说的那种让人怦然心动的异性。

不过非常不巧的是，基本上都在马路对面，而且附近也没有斑马线。

请您批评指正

⊙ YLAshow

尊敬的孔老师好！我要提的问题是：什么才是纯洁的爱情？男女朋友之间或者夫妻之间性格非常不合，是否还要继续走下去呢？

孔庆东

您好！

您提的是两个略有相关性的问题，所以我根据二者之间的那点相关性，略作答复。

假如只有第一个问题，那恐怕要写一本书，因为那是一个纯理论问题。比如首先就要解决什么是爱情的问题，然后解决究竟有没有爱情这个东西存在，接下来再分析什么是纯洁，最后才能论述到什么才是纯洁的爱情。

但是你的第二个问题涉及是否分手，那么我就不必长篇大论，直接说出我个人的见解即可了。

在我看来，爱情本身就是纯洁的，前面本来不需要再加上“纯洁的”作为定语。但是从哲学上讲，纯粹的事物是不可能单独存在的，一定与其他东西混杂在一起，所以人们日常所说的爱情，往往都夹杂了其他的因素，也不可能不夹杂。所以时间长了，人们也就习惯于爱情的“不纯洁”，而另外再发明“纯洁的爱情”这个表述了。

所谓纯洁的爱情，或者我个人理解的那个爱情，就是没有功利目的、没有任何附加条件的由于对象的美好而产生的精神愉悦。

举个例子，老王看见马路对面一个美女，一瞬间心中充满了喜悦，感觉世界特别美好，他希望那个美女永远这样美丽，拥有幸福的人生，这就是爱情或者纯洁的爱情。

而当老王继续想下去，想人家的身体，想跟人家结婚，一直想到“我发现自己爱上了她”的时候，那个爱情就已经不纯洁了。也就是说，绝大多数人处在所谓的“谈恋爱”状态中的时候，其实都是不纯洁的。

这样说，并不是否定那些不纯洁的爱情。纯洁的爱情，是随时产生又随时消失的。即便是一对老夫老妻，也可能经常一瞬间互相产生纯洁的爱情，然后接下来继续油盐酱醋的争吵。如果过分强调纯洁的爱情，那么就会破坏正常的人生，破坏日常生活。

所以，我们要打破语言的迷宫，要喜悦地活在不纯洁的爱情中。

于是便可以涉及你的第二个问题了。男女性格不合，究竟不合到什么程度？有没有影响继续共同生活？探讨这个问题，不要把所谓纯洁的爱情扯进来，一扯进来就会造成逻辑混乱。就像我们做数学题，不能把诗歌、艺术扯进来当成已知条件。

到底要不要分手？取决于现实条件，即两个人在一起，能不能好好吃饭，能不能好好逛街，能不能好好说话，能不能好好做爱，能不能好好孝敬父母、养育孩子。注意一句话，君子和而不同，小人同而不和。所谓性格合不合，不要偷换成性格同不同。

在我看来，只要能够互相尊敬，互相爱惜，互相支撑，其实李逵与林黛玉，也可以成为一对非常美满的夫妻或者美满的情侣的。

个人拙见，可能很不成熟。望您批评指正。

正好

⊙ **樱华姐姐**

爱而不得的时候该怎么办？

孔庆东

爱，不是为了得。

如果为了得，那就不是爱。

所以，爱而不得，适得其所。

爱情的高端境界是什么？

⊙ 一米阳光下的情感

有没有很喜欢一个女孩时，喜欢到想放手的？

孔庆东

我昨天跟一位朋友谈到爱情话题时，恰好涉及这个问题。

有一种非常特殊的情况——当爱情达到极其高端的境界时，可能就会舍不得与对方继续下去了。当时的心情是：这么好的人，怎么舍得跟他结婚呢？甚至都不舍得跟他继续恋爱下去。——这样的人，只能像天仙一样地供养起来，岂可随便暴殄天物啊。

相亲结婚可能最幸福啊

⊙ 凝琴芷珊

说一句老实话，到现在结婚都没恋爱过，我是通过相亲结婚的，初恋是什么滋味呢？

孔庆东

俗人们总是用各种说法美化初恋。

其实初恋不过就像第一次到外面吃饭。有的人吃得很美好，有的人吃得很恶心，有的人吃得余香满口，有的人吃得又酸又辣。

浪漫的背后是下贱

⊙ **逗梗说事儿**

如何能让婚姻经久不衰，保持新鲜感？黄磊跟孙莉的爱情真的太让人羡慕了！

孔庆东

世界上任何事物，都有从新到老的自然发展过程。不承认这个过程，就会产生自己制造的悲剧。

好好的婚姻，为什么非要保持新鲜感呢？经过了新鲜的阶段，保持平平淡淡的深度理解，不也是很幸福的吗？

情况是复杂的

⊙ **前进社高飞**

婚姻面前，爱情算什么？

孔庆东

很多人都认为，爱情是婚姻的基础。

这种认为，其实是不科学的，也是不真实的，但它是有利的。

如果有爱情做基础，那当然是比较理想的婚姻。

但是如果没有爱情，其实也可以建立好的婚姻。

还有一些婚姻，恰恰是因为彼此有爱情，反而不能美满。

做一串类比

⊙ 我是冷搞笑

杨幂爱情观：家庭不应该成为你的束缚。这事你怎么看？

孔庆东

啥啥不应该成为你的束缚，这是一句废话，关键是你要打着这个幌子干啥。

你可以说，我要参军，保家卫国。家庭不应该成为你的束缚。

但是你能不能说，我要吸毒，我要杀人，我要叛国投敌，我要当人贩子当小偷，家庭不应该成为我的束缚呢？

孝

⊙ 怜梦含芙

爸爸妈妈经常吵架，现在我长大了，他们打算离婚，我应该支持吗？

孔庆东

不管离不离，尊重他们的决定。

不可为了自己的私利和面子，干涉和埋怨父母。

轻重缓急

⊙ **潘多拉 1267955097**

女儿学习不上进，我和老公关系紧张，很想改变现状，但不知从哪里入手呢？

孔庆东

学习不上进，是正常的，不必紧张。

跟老公关系紧张，是不正常的，冷静反思原因。

四个足够

⊙ **曼之雨双 plus**

和长辈住一起是利大于弊还是弊大于利？

孔庆东

在一般情况下，和长辈一起住，总体上还是利大于弊的。

但前提是，应该有足够的居住空间，应该有足够的个人隐私，应该有足够的彼此距离，更应该有足够的互敬互爱。

以不考之心考之

⊙ **小呆谢**

学生顿首启：最近家中有一难事，特向孔老师请教。自结婚以来，拙荆一直在努力考公务员，夙夜攻书，废寝忘食，但是最后都以一两分左右微弱差距未能登科。妻子现在已经年过而立，家中高堂都希望她能生儿育女。但她还想再努力，并担心怀孕生养耽误考试。她一直对现在的工作不满意，想做公务员来提高待遇和收入。而过了三十五岁就不能再考公务员了，并且随年岁的增长机会越来越少。现在不知道是同长辈一道劝她放弃还是勉励她再考？若是劝又该如何出口？再考或还有希望？余妻戊辰年八月十四日亥时生人，福建莆田人，事业单位做科技统计工作，性格要强，曾因要考北大而复读。

孔庆东

闽粤女子，锐意进取者多。为自己，为家庭，不懈奋斗，精神可嘉。

看其八字，秋分节气之龙，与孔和尚有类似处，志存高远。但与孔和尚不同者，乃多金而缺木也。

考公与高考，录取线上下，一分之差，千万人也。看其量甚微，然其质决然判矣。

当今之世，非科举时代也。纵辛苦考公而捷，生活及前途，亦未必进步甚大，何况牺牲家庭幸福哉。

不若以平常心，戏而考之。转以生育为人生要务，须知人生漫长，生育当尽早，而进取之机缘，随时可现，玄妙难测也。

科技统计工作，亦适合其命理，潜于其中，与世浮沉，以出世之心待入世之考，归而以抚育持家为重，减其金，增其木，则人生闪耀光辉时，尚在来日也。

比如这句

⊙ **青少**

男生说哪些情话会让女生心里“痒痒的”？

孔庆东

何当共剪西窗烛？

你没有什么抑郁症

⊙ **燕尾蝶的左翅膀 plus**

我自己有一点抑郁症，请问大家这样可以去相亲吗，会不会有什么影响呢？

孔庆东

不要动不动认为自己有抑郁症，大多数情况下不过是多愁善感，或者是忧愤深广。相亲的时候，会更认真，更负责，更有爱心。说不定因为相亲，性格会变得开朗了呢。

去吧，孩子。

咕嘟着

⊙ **用户 7024815952**

和男朋友吵架刚刚和好，如何快速让两人感情升温？

孔庆东

快速升温的饭菜，不好吃。

刚刚化冻的小排骨，应该用小火慢慢咕嘟着。然后唱一段：这样咕嘟多少天，这样咕嘟多少年……

然后你发现，整个世界，都香甜香甜的。

吃瓜

⊙ **以柳晓山**

除了自己，身边的人都在谈恋爱，这是一种什么样的感觉？

孔庆东

你要这么想：

他们都好比这个季节早早吃西瓜的人，肯定没什么好瓜。

等老子一出手，管保是应季好瓜，又沙又甜！

宣言

⊙ **chen 雷拾柒**

自己生气了男朋友却不知道，怎么弄？

孔庆东

毛主席教导咱们：

不生无准备之气，不生无把握之气。

你生气了，男朋友却不知道，这岂不是陪了老公又折兵？

下次一定要给他个战斗宣言：

人家要生气气啦，人家要不理你的啦！

断腕

⊙ **看完不许哭**

女朋友还在跟自己的前任联系该怎么办？沟通了很多次现在还在联系，想问大家要不要分手呢？

孔庆东

我估计你说的联系，不是一般的简单联系，不是逢年过节发个祝福的那种联系，而是伤害到你的尊严的联系。这就说明在她的心里，你不怎么重要，何况已经沟通过多次了。

勇士断腕吧，以免后患。

时代与阶级

⊙ **曼岚傲易**

男生一般都喜欢什么长相的女生？女生大多喜欢长得干净，看起来阳光，个子高的男生！那么男生都喜欢怎样的呢？

孔庆东

你说的女生的情况未必是实情，实际上不同的女生有不同的倾向性，与此相应，男生也是如此。有的喜欢锥子脸，有的喜欢苹果脸，有的喜欢人高马大的，有的喜欢小鸟依人的，时代因素和阶级因素，都深刻地、潜移默化地影响着人们的审美。

为啥难过

⊙ **傲松采波**

男女朋友如果在金钱方面有了隐瞒，我很难过。我这么喜欢他，还要继续在一起吗？

孔庆东

你喜欢人家，人家就要把什么事情都告诉你吗？这是什么道理啊！

男女朋友并不是夫妻，即使夫妻，也各有各的世界。两个人永远不是一个人，每个人都应该有自己的隐私。

要记住，隐瞒不等于欺骗，有些事情互相不告知，并不等于有害于对方。相反，有时候可能是一种尊重和爱护。

当然，如果他做了什么对不起你的事情，或者是在金钱方面有不靠谱的嫌疑，那你应该另作考虑。

珍惜

⊙ **羞色微博**

我刚刚才分手，觉得很难过，自杀的心都有了，请问该如何调整心态呢？

孔庆东

人生很长，分手是常有的事，要珍惜这一段独自生存的时间。想一想周围有哪些好吃的，去独自享受一下吧！

多少钱？

⊙ **雁芙慕蕊**

前段时间借了男朋友的钱，现在还他，他却拒绝了。怎么办？

孔庆东

1000 块钱以下就算了，1000 块钱以上还是应该还的。

找他理性地说明道理，因为毕竟是两个人，不能白白地花对方很多的钱，否则感觉上就出现了不平等。

你琢磨琢磨这件事儿

⊙ **乐珍书南**

和妻子感情不错，彼此都没有错，但最后还是得离婚。怎么办？

孔庆东

我曾经在两所中学任教，我跟两个单位的感情都很不错，彼此也都没有错，但是最后，我还是要回到北大。

两种可能

⊙ **人间律 _13**

为什么我每次出去玩，男朋友丝毫不担心我？

孔庆东

要么是你身强，

要么是他心大。

高尚的爱

⊙ **毛豆的元宝**

彼此深爱的两个人，但因自己能力不够，根本爱不起他，你会离开吗？

孔庆东

什么叫爱不起？

只有娶不起，嫁不起，没有爱不起。

因为爱是自然发生的情感。

爱一个人，就意味着不能给对方带来损害。如果离开可以使对方幸福，那么当然可以离开。

但是这种离开，正表明了你的爱。这不是爱不起。

这是高尚的爱。

锻炼自己吧

⊙ 幻天书桃

如何跟一个女生一起出去玩时相处得融洽？怎么做可以让双方都不会尴尬，还能赢得对方的好感？

孔庆东

要绅士，要君子。

要仗义，要有趣。

要非常细心，还要非常大度。

想想太阳

⊙ 情侣同居后

如果你最爱的人背叛了你，你会恨他吗？被你爱的人背叛了，会是什么反应？

孔庆东

你爱人家，是你自愿的。

爱，不是投资，不能用来约束和交换。

太阳天天照耀人类，人类天天背叛太阳，人家太阳说啥了？

大侠

⊙ **城南邮局信馆**

你是如何面对你前任的？

孔庆东

基本不联系。

做好心理准备，如果有困难，随时帮助之。

遇到其生日啥的，如果恰好想起来了，就找个借口，自己吃点好吃的。

这个回答有点儿玄妙

⊙ **VAOVA**

爱情重要，还是面包重要？爱情和生活哪个重要？

孔庆东

当你提出这个问题的时候，你一定没有爱情。

如果你真的有了爱情，就不会提出这样的问题，因为那个时候，这样的问题是根本不存在的。

大体如此

⊙ **深情予你030116**

当男孩子喜欢上了女孩子，会有什么表现？

孔庆东

文明了，老实了，心软了。

非常温暖

⊙ **尔冬凝丝**

异性朋友做过让你最感动的事是什么？哪些事情你记忆犹新？

孔庆东

最感动的说不上来。

高三时有一次搞卫生，我站在三层桌子上擦窗户，不小心掉下来摔伤了。班里很多女同学忙前忙后，嘘寒问暖，还有人眼睛湿润了。

这事终身难忘。

天天忍着

⊙ **江水为竭L**

至今为止被人表白过吗？都怎么表白的？

孔庆东

微博上，私信里，几乎天天有人向孔和尚表白。

有的很真诚，有的很文青，有的很变态，有的很恶心。

但基本上都得忍着，不敢得罪。

个别实在受不了的，只好拉黑了。

锦瑟年华

[?] 胃口

⊙ **维桃电影**

《猫妖传》中，白居易为何决定不改《长恨歌》？白居易曾经觉得写得不够完美，苦心竭虑地想改。

孔庆东

你写错啦。

不是《猫妖传》。

而是《妖猫传》。

可见你很粗心，连编导的拙劣骗术都看不透。

白居易改不改，都是编导瞎编的，跟白居易没有关系，只不过是编导要耍噱头而已，吊吊你这种小文青的胃口。

万里挑一

⊙ **冰香幻枫**

可以分享一些好看的战争电影吗？

孔庆东

《解放》。

听老夫从四个方面，给你娓娓道来

⊙ **到底让换昵称吗**

尊敬的孔老师您好，请问您怎么评价周星驰的电影《唐伯虎点秋香》？

孔庆东

你这随便一出口，问了一个非常世俗的大众文艺问题，可是老夫答复你，却要调动世所罕见的独门学问也。

下面，老夫在四个方面开示与你吧！

第一，当今家喻户晓的所谓唐伯虎的故事，是历史上不存在的。唐伯虎确实是明朝的江南才子，但在文学史上并无突出成就，不过是个三流诗人而已。他的才华主要表现在绘画方面，书法也不错。

第二，明朝的唐伯虎，到了20世纪，突然暴得大名，这主要得益于1932年的一部小说，著名鸳鸯蝴蝶派作家程瞻庐的《唐祝文周四杰传》——这恰好属于孔和尚的研究领域，全国95%

的中文系教授，都不晓得程瞻庐何许人也。唐祝文周，本来是四个正经文化人，各有各的事业，可是被这本书一写，就成了四个游手好闲的流氓才子，好像一天到晚，就知道满世界去玩乐碰瓷。不过广大人民群众喜欢这样的故事，所以也就不管历史真相如何了。唐伯虎点秋香的故事，就是这本书中的重要内容。从此之后，全国人民不但非常喜欢唐伯虎，顺便还给历史上增加了一个与四大美人几乎可以等量齐观的小美女秋香。

第三，唐伯虎点秋香的故事，被拍成电影并风靡全国，那是 1964 年版的《三笑》。虽然是香港电影，但是当年风靡九州。陈思思扮演的秋香，风华绝代，至少在两代中国观众的心里，成为经典。直到 20 世纪 80 年代，我们还经常哼唱电影中的插曲呢。

第四，时间差不多过了 30 年，到了 1993 年，周星驰拍了票房火爆的新版《唐伯虎点秋香》。电影本身水平确实不错，充分发挥了周星驰的多才多艺和幽默中略带深刻的风格。但是从骨子里说，电影存在若干问题。一是从头到尾贯穿了武侠脉络，把唐伯虎塑造为一个身怀绝技的武林高手，这实际上破坏了原来的言情主干，为了迎合观众越来越庸俗的欲望，把人物变得不伦不类了。从此，香港影视就越来越信口开河，越来越缺乏对历史、对人性的基本尊重了。二是巩俐扮演的秋香，缺乏丫鬟气质，明明是具有国母气派的东北大姑娘，怎么演也不像江南屋檐下的小燕子，倒是很像一位潜伏在大宅门里的女游击队长。把一个国际影星这样使用，确实是有点儿杀鸡焉用宰牛刀啦。

好，以上四点，足够你成为一个小小的唐伯虎点秋香专家喽。

想问题的角度

⊙ 采白芷巧

《中国诗词大会》是否存在作弊的可能性，你觉得呢？

孔庆东

从理论上说，任何活动，都有可能作弊。

但是，从实际出发，人家有什么必要作弊呢？

谁不离不弃？

⊙ 小达人看热点

宋慧乔与宋仲基协议离婚，你有何想说的？怎么看双方截然不同的回应？

据韩媒爆料，宋仲基于 26 日向宋慧乔提出离婚调解申请。宋仲基表示：为了和宋慧乔离婚，我进行了调解。两人都希望圆满地结束离婚程序，而不是互相指责。刚刚，宋慧乔所属公司发布官方立场，表示两人离婚原因是“性格不合”，最终不得已做出了这样的决定。那么你对双方的回应有何想说的？

孔庆东

明星之间的山盟海誓，都是表演，都是靠不住的，回头去清理一下，就会发现，他们的节操碎了一地。

70 年来，真正伴随着我们一路前行，不离不弃，不忘初心的，只有伟大的中国共产党！

其实是这样

⊙ **点击看我主页**

为什么像周星驰、赵本山、郭德纲这样的喜剧大咖，表演时很放得开，而在生活中却很沉闷？

孔庆东

凡是优秀的喜剧，本质都是悲剧。

听孔大师的

⊙ **乌鲁木齐喜嫁喜婚庆**

婚礼现场用什么音乐比较合适？

孔庆东

入场时，用瓦格纳。

正式典礼之前，来一轮《黄河大合唱》。

典礼背景，用莫扎特。

吃饭时，用二人转。

名不正，则那啥！

⊙ **踏雪寻梅无香**

孔老师好，请问名字对一个人的命运有没有影响，有哪些影响，一个好的名字真的能改变人的命运吗?

孔庆东

根据马克思主义的辩证唯物主义世界观，万事万物都是互相联系的，当然，这些联系在程度上是各不相同的，在形式上是千差万别的。

每个人在很小的时候就被家人告知了自己的名字，从此名字就伴随着你的一生，如果你改了名字，那么新的名字仍然会伴随着你。你会经常书写自己的名字；当你听到别人叫你的名字时，你会产生习惯性的反应；当你的名字与好的事物相联系，你心里会产生愉悦，相反的时候呢，你就会不愉悦。

这个世界上只有极少数极少数的拥有大智慧的人能够超越名目，不在乎自己的名字，比如孔老师这样的人，可以随心所欲地叫自己孔和尚、孔老道、孔牧师、孔土匪、孔强盗等，而且也不在乎别人怎样骂我。但是我们不能要求大多数人都达到这个境界，对于大多数人来说，取一个合适的名字，令人愉快的名字，给人带来吉利的名字，还是十分重要的。

我有一位女同学，孩子很不听话，老公有了外遇，工作上也遇到了很大麻烦，还有一次被车撞了，心情非常烦闷懊恼。我看了她的情况，认为她的名字很不利，就给她改了一个谐音字，从此之后，她的命运就越来越好，孩子认真学习，老公回心转意，工作上也由科级升到了处级。当然这不一定都是名字起的作用，但是我们也无法否认这一连串活生生的事实都与改了名字有关系。

大约 120 多年前，有一个叫周樟寿的青年人，给自己改名叫周树人，假如他不改这个名字，那么后来很可能世界上就不会出现一个叫鲁迅的人。

有时候单看一个人的名字，也许会觉得充满了偶然性，但是当我们考察一个集体中的人名的时候，就会发现，偶然中存在着极大的规律。

比如当年我一上北大中文系，就被那一串老师的名字给震撼了：阴法鲁，高名凯，石安石，陈松岑，严家炎，严绍璗，岑麒祥，黄修己，乐黛云，陈贻焮，吴组缃，陆俭明，裘锡圭……你觉得除了北大中文系——这个人世间最高的文化殿堂，还有其他地方能够出现这个名字的阵容吗？

今天的福利啊

⊙ **代萱绮菱**

茅山术是否真实存在过？这是真实的术法还是小说里虚构的？

孔庆东

虚构的事情，不等于现实生活中就不会存在。

是一位作家

⊙ **海云含灵**

女娲是怎样诞生的？是哪一个人创造了女娲？

孔庆东

请读鲁迅《补天》。

理想早就实现过了

⊙ **我爱看V新**

你理想中的春节应该是什么样的？

孔庆东

我理想的春节，是1983年、1984年、1985年那个样子的。

既保留了传统民俗，又有当代精神风貌。

既能吃饺子，放鞭炮，又能看春晚，扭秧歌。

既有领导到职工家里拜年，又能走亲访友，祭祀祖先。

既革命，又和谐。近悦远来，百兽率舞。

凑热闹与明是非

⊙ **逗梗说事儿**

母亲节，你想对妈妈说些什么？哪一瞬间你感受到了母爱的伟大？

孔庆东

这个所谓的母亲节，是西方的商业宣传，咱们过不过都可以，不必特别看重。难道我们的亲情，就体现在这一天吗？

中华民族自古就有孝道，每人给自己母亲过好生日即可，或者选择孟母的生日也行。

而源自古希腊神话的西方母亲节，是纪念宇宙之王宙斯的母亲的。那位母亲跟自己的孩子以及各种动物乱伦，这有什么可纪念的呢？

商业社会，跟着众人凑个热闹，无可厚非，但那跟咱们中华民族真正的孝道，完全是两回事啊。

性别分工

⊙ 左右历史

政治军事类话题，在社交网络上是毫无疑问的直男领域。根据新浪微博官方数据，“政治”这一话题下，男性所占比例接近 60%，参与“军事”话题的男女比例更是达到了 3 ∶ 1。那么为什么男人爱好政治和军事呢？

孔庆东

人类的性别分工，就是这样的：

男人主要负责抢东西，女人主要负责藏东西。

增进爱情

⊙ **从霜白曼**

东北都有哪些比较有名的景点呢？我和男朋友是东北人，学生党，想暑假利用几天旅游，你都有哪些推荐的地方？

孔庆东

东北好地方，数不胜数。

学生党，旅游几天，那就去伊春吧。

凉快，美丽，壮观，很多好吃的，物价还不贵，一定能够增进你们的爱情。

军号声声

⊙ **狂笑的大白**

司号员取消多年如今又恢复，司号员的作用有哪些，究竟该不该恢复呢？随着战争现代化的发展，军号这种古老的鼓舞士气的方法和通信工具，已经不适应高科技战争的发展需要。1985 年，我军“百万大裁军”时，取消了司号兵、骑兵等不适应现代战争的兵种，军号制度也随之销声匿迹，播放录音取代了司号员的现场吹奏。转折点在 2018 年的 10 月 1 日，我军宣布在军队内恢复已经消失了三十多年的军号制度，并在 2019 年 8 月 1 日起，施行新的司号制度。

孔庆东

推荐你看一部老电影：

《小号手》。

起床号令人喜悦，熄灯号令人安心，集合号令人振奋，冲锋号令敌人肝胆俱破。

你问到专家了

⊙ 荒凉有梦

在战场上，手榴弹能投多远？在一些抗日“神剧”中，经常会看到士兵把手榴弹扔出上百米远，这就太假了吧……

孔庆东

在日常训练中，手榴弹平地能够投出 70 米，就是百里挑一了。投出 50 米，就非常优秀了。

当然，手雷可以投得更远些。

战场上一般没有条件充分展开身体，往往只能单纯依靠手臂的力量，所以投个二三十米，是正常情况。

不过如果是居高临下的防守一方，利用地势，是可以投出上百米的，特别是重量只有几百克的手雷。当年在上甘岭战役中，志愿军某防守部队主要就是依靠手雷杀伤敌人，平均每人投掷了 80 颗手雷。

各有秋千

⊙ **凝天静枫**

手写日记与电脑记日记分别有哪些好处和坏处?

孔庆东

手写日记比电脑记日记更加认真，但是不方便修改，而电脑记日记方便修改，但同时真实性也会降低。

比如我昨晚用电脑写日记，发现上周的日记中，把一次聚会里的两个人名写错了，于是我就改了过来。看上去好像修改正确了，但其实掩盖了我上周记日记的时候脑子不清楚的真实状况。

神圣使命

⊙ **老谭电商**

玩微博的原因相信大家各有不同，有因为偶像的，也有用来记录生活的，还有专门转发锦鲤和抽奖，希望能一夜暴富的。你玩微博的原因是什么?

孔庆东

因为只有我孔和尚，能够像鲁迅先生把杂文变成高雅文学那样，把微博升格为精美的华章。

古往今来中国十大文体:

诗经楚辞汉赋，

唐诗宋词元曲，
明清小说，
鲁迅杂文，
毛泽东政论，
孔庆东微博！

偶然

⊙ **绿柳采柳**

你在飞机上看过哪些好看的杂志？

孔庆东

飞机上的杂志，我现在基本不看了，但是有一次，不知什么人放了一本《东博书院》，让人看得比较过瘾。

岂能错过

⊙ **紫槐寻真**

你会因为什么去参加线下读书会？

孔庆东

因为那是孔和尚的研究生自发组织的。凡是跟孔和尚有关的读书会，都是真正读书的会，过了这个村，没有这个店，岂能错过？

至于其他的读书会，那就呵呵了。

是的啦

⊙ **初翠梦曼**

李白之所以能创作那么多诗歌和他喜欢喝酒有联系吗？

孔庆东

当然是啊。

凡是喝酒比较多的人，酒后说的那些话，其实都是诗歌。

只不过，没有人家李白写得好而已。

好梦

⊙ **沛岚雨珍**

你读过哪些很美的散文句子？

孔庆东

你读过何其芳的《画梦录》吗？

如果没有，特此向你推荐一下。

你想不到

⊙ **雁芙慕蕊**

你喜欢现代诗歌吗，你最喜爱哪一个诗人的哪一首诗，为什么呢？

孔庆东

孔庆东老师写的《齐蒙亚施》。

大路货

⊙ **曼岚傲易**

跟风有关的古诗词有哪些？

孔庆东

好像不太多，我也就记得这么几句，都是大路货。

其一，凤凰台上凤凰游，凤去台空江自流。

其二，香稻啄馀鹦鹉粒，碧梧栖老凤凰枝。

其三，凤箫声动，玉壶光转，一夜鱼龙舞。

推荐两位

⊙ **映真雨双**

你读过哪些特别波澜壮阔的诗句？

孔庆东

推荐两位诗人：

郭沫若和马雅可夫斯基。

这句

⊙ **阅读风尚**

你最喜欢关于雪的诗句是哪一句？

孔庆东

梅花欢喜漫天雪。

听听孔和尚的答案

⊙ **每天读点文学名句**

你读过哪些形容男子风度翩翩的句子？或者形容男子的诗词句子。

孔庆东

郎骑竹马来，绕床弄青梅。

这是世界上最潇洒、最纯真的男人啊！

[?] 周末答谢本人会员群，继续回答一嘟噜提问

⊙ **悦读邮箱**

你读过最激励人的句子有哪些？

孔庆东

天王盖地虎。

还有以这五个字开头的五万多句话。